Türkei

Kochen und verwöhnen mit Originalrezepten

Türkei

Kochen und verwöhnen mit Originalrezepten

Rezepte und Text: Erika Casparek-Türkkan

Foodfotos: Martina Görlach

Reportagefotos: Günter Vahlkampf

Die Türkei – ein Land auf zwei Kontinenten, Europa und Asien. Erleben und genießen Sie auf einer Schlemmerreise die großartige Küche der Regionen zwischen Orient und Okzident.

INHALT

Kalbe giden yol boğazdan geçer

»Der Weg ins Herz führt durch den Magen«, heißt es in einem türkischen Sprichwort, und davon ist man bis heute überzeugt. Um immer wieder neue, lustvolle kulinarische Wege zu den Herzen zu finden, entwickelte sich im Laufe der Jahrhunderte in der Türkei eine vielseitige und hochentwickelte Kochkultur, die zu den besten der Welt zählt. Den kulinarischen Reichtum des Landes erlebt man konzentriert in İstanbul auf dem *Mısır Çarşısı*, dem Ägyptischen Markt. Da schaufeln die Verkäufer am Nussstand geröstete Pistazien aus Gaziantep, nahe der syrischen Grenze, in Tüten, wiegen Haselnüsse vom Schwarzen Meer und gesalzene Sonnenblumenkerne aus Thrakien, dem Nachbarn Griechenlands, ab. Da baumeln Knoblauchwurst und würziger *pastırma*, Dörrfleisch aus Mittelanatolien, von der Decke eines Standes. Aus riesigen Säcken wird *tulumpeyniri*, krümeliger Nomadenkäse aus Ostanatolien, verkauft. Die Gewürzstände leuchten in allen Farben und werden zur Duftorgie für die Sinne. Auf Karren am Marktrand türmen sich knusprige Sesamkringel, verlockt auf riesigen Blechen *börek*, Teigpastete, zum schnellen Imbiss. Nicht zu vergessen die verführerischen Auslagen der Patisserien mit himmlischen Süßigkeiten, etwa *baklava* und Frauennabel – in der Türkei bleibt niemand lange hungrig. Abendessen in einem Fischlokal am Bosporus oder am Meer bei einer üppig gedeckten Vorspeisentafel mit Wein oder *rakı* bleiben unvergessen. Wer die Türkei bereist oder an der Küste Urlaub macht, erlebt immer wieder kulinarische Überraschungen und kehrt mit dem Wunsch zurück, die köstlichen Gerichte erneut zu genießen. Der Weg zum Herzen – um beim Sprichwort zu bleiben – führt dann über die in diesem Buch vorgestellten Rezepte.

Oben: Säcke voll mit Paprikaflocken und anderen Gewürzen
Unten links: Der Wasserverkäufer wartet auf Kunden
Unten rechts: Mit flinken Fingern werden winzige *mantı*,
Teigtäschchen gefaltet

Erika Casparek-Türkkan

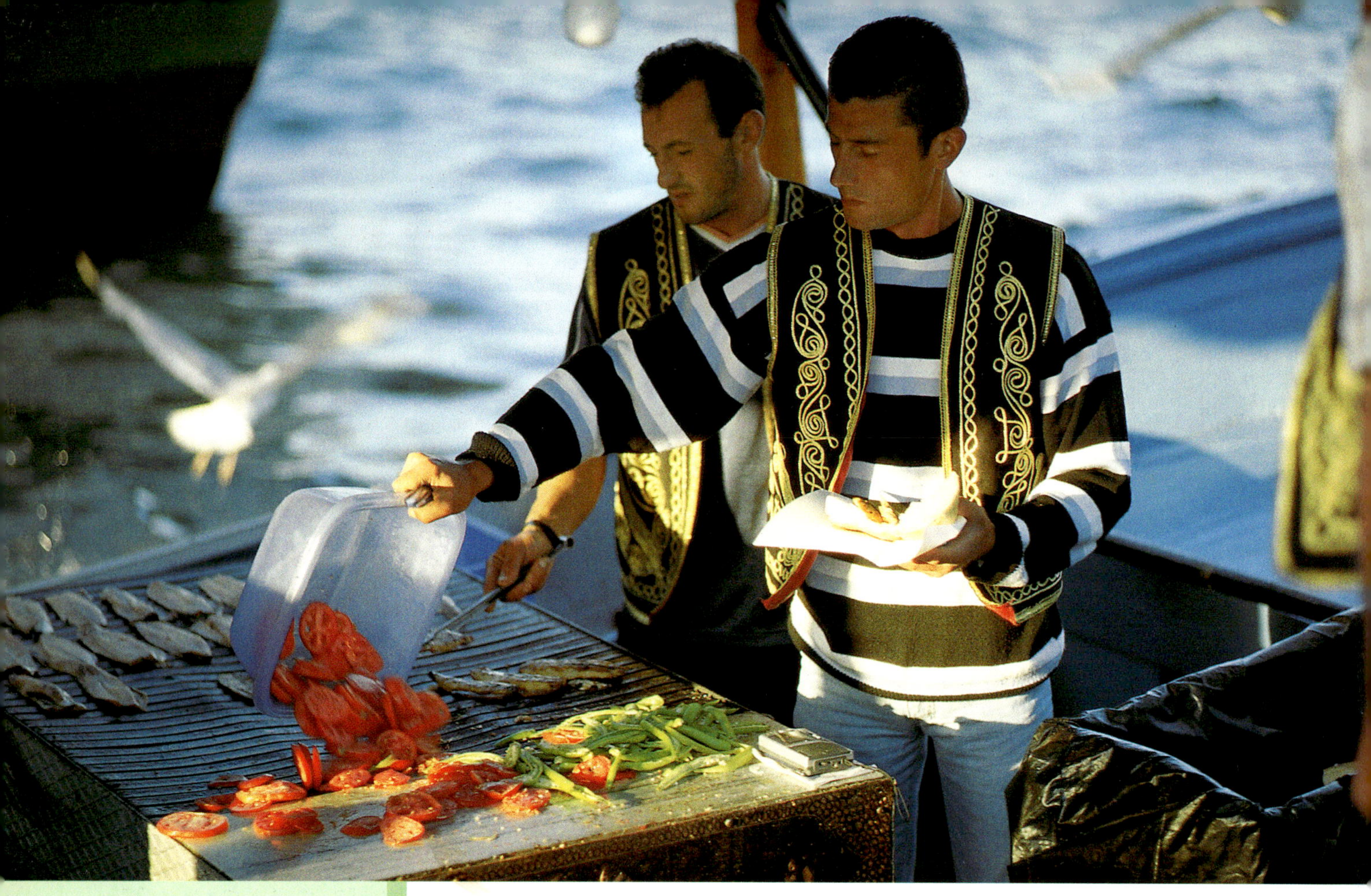

Fisch vom Grill, zwischen Brot gelegt, wird am Goldenen Horn direkt vom Boot aus an Passanten verkauft.

WO ES WAS GIBT

Klar, der *dönerci* grillt Dönerkebap, der *kebapçı* brät Fleischspieße, der *börekçi* fertigt Teigpasteten. Aber wussten Sie, dass der *muhallebici* nicht nur Puddings, sondern auch Hühnersuppe und Reis mit Huhn anbietet, der *tatlıcı (tatlı* = süß) ein Schlemmerparadies für Naschkatzen ist?

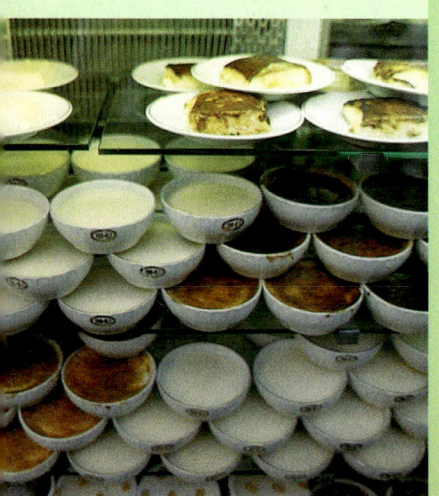

Die Türkei lädt ein

Die Kultur der türkischen Küche

Die türkische Küche profitiert von vielen Kulturen. Und wer nach den Ursprüngen fragt, muss tief in die Geschichte Anatoliens eintauchen. Die kulinarische Zeitreise beginnt um 9000 vor unserer Zeitrechnung bei einer der wahrscheinlich ältesten Siedlungen der Menschheit nahe der mittelanatolischen Stadt Konya, in Çatal Höyük und in Hacılar. Funde von Weizen- und Gerstenkörnern lassen darauf schließen, dass es Brei und Brot gab, Archäologen entdeckten auch Zwiebeln, Knoblauch und Hülsenfrüchte. Fleisch von Jagdtieren, Milch und Käse der ersten Haustiere erlaubten schon früh eine vielseitige Ernährung. Dagegen beschränkte sich zu dieser Zeit bei uns in Mitteleuropa das Nahrungsangebot auf das Fleisch von erlegten Tieren, von Fischen, auf Waldfrüchte.

Bier, Wein und Olivenöl

Assyrische Händler bauten um etwa 4000 v. Chr. in ihren Niederlassungen in Mittel- und Ostanatolien Gemüse wie Möhren, Okraschoten, Gurken und Auberginen an. In der hethitischen Hauptstadt Hattuşaş, unweit von Ankara, wurde um 2000 v. Chr. bereits Bier gebraut. Ölbaum und Weinstöcke gediehen an der Ägäischen Küste, am Mittelmeer und

in Südost-Anatolien. Und es braucht nicht viel Fantasie, sich vorzustellen, wie sich nach und nach das kulinarische Angebot erweiterte. Zu den ansässigen anatolischen Völkern, Karer, Lykier, Phryger und Lyder, gesellten sich Griechen, die in den Küstenbereichen Handelsniederlassungen gründeten, aus denen Städte entstanden. Im Laufe der Zeitreise trifft man auf Römer, Araber, Perser, Kaukasier und zuletzt auf Turkvölker, die heutigen Türken, die seit dem 10. Jahrhundert aus Mittelasien einwanderten. Sie bereicherten wechselseitig die Kochkultur, alle mischten ein wenig mit.

Kulinarische Mitbringsel

Die feinen Gemüsegerichte mit Olivenöl gehen wahrscheinlich auf die Römer zurück, die das Oströmische Reich gründeten mit Konstantinopel als Hauptstadt, dem heutigen İstanbul. Joghurt und Schafkäse brachten türkische Nomaden aus Innerasien mit, wie auch das *şiş kebap,* Fleischspieße vom Grill, oder *kavurma,* gekochtes Fleisch, das in Krügen, in Fett eingelegt, über viele Monate haltbar gemacht wird. Süßspeisen kamen aus Persien und dem Vorderen Orient hinzu und erlebten am Hofe des Sultans und seiner Haremsdamen höchste Verfeinerung. Aus den eroberten Ländern des Osmanischen Reiches bezog die Küche des Topkapı-Palastes in İstanbul neue Ideen, um den Sultan zu entzücken. So endet die Zeitreise heute in einer Küche, in der sich viele, inzwischen traditionelle Gerichte wiederfinden. Pizza und Pasta zählen zu den neueren kulinarischen Errungenschaften, jedenfalls in den Städten und Touristen-Hochburgen.

Essgewohnheiten

Brot, frisch vom Bäcker, gehört zu allen Mahlzeiten des Tages. Morgens zum Frühstück gibt es dazu Käse, schwarze Oliven, vielleicht ein hart gekochtes Ei und *reçel,* Konfitüre. Getrunken wird Tee aus großen Gläsern. Die kleinen, tulpenförmigen sind für die vielen Teepausen während des Tages im Einsatz. Ob bei einer Behörde, in der Bank, beim Teppichhändler, bei einer Pause im Teehaus – die doppelstöckige Teekanne oder der Samowar steht ständig simmernd bereit.

Früh am Morgen sind auch schon die Suppenküchen in Betrieb, in denen sich vor allem die Männer vor der Arbeit stärken. Am Mittag gibt es meist ein kleines Gericht, eine Suppe, ein Teig- oder Eiergericht und Früchte.

Das Abendessen mit der ganzen Familie ist die wichtigste Mahlzeit des Tages. Meist werden schon am Vormittag kalte oder/und warme Gerichte vorbereitet, wie etwa gefülltes Gemüse, Bohnen mit Olivenöl oder ein Eintopf. Alle diese Gerichte werden zugleich aufgetischt, dazu Salate und Schafkäse, Reis und Hackfleischröllchen oder Fisch. Zum Abschluss folgen immer Früchte der Saison. Mit einem türkischem Kaffee klingt die Mahlzeit aus. Für den späten Abend hält die Hausfrau meist noch eine süße Überraschung bereit, eine Süßspeise oder Gebäck.

Und wo wird gegessen?

Nicht immer an einem Esstisch und auf Stühlen. Gegessen wird noch häufig vom *sini,* einer großen Email-, Alu- oder Holzplatte auf einem niedrigen Gestell – ein praktisches Relikt aus Nomadenzeit. Es wird zum Essen aufgebaut und danach wieder beiseite geräumt. Alle hocken sich um diese niedrige Platte, die auf einem großen Tuch steht oder von diesem bedeckt ist. Den Rand des Tuches legt man sich als Serviette auf die Knie. Die Schüsseln mit den Gerichten stehen in der Mitte des *sini,* und falls keine Teller aufgedeckt sind, sondern nur Löffel und Gabel, bedienen sich alle direkt daraus. Getrunken wird dazu Wasser oder *ayran,* verdünnter Joghurt. *»Eline sağlık«* – »Gesegnet seien Deine Hände«, dieser Dankspruch an die Hausfrau beendet das Mahl.

REGIONALE SPEZIALITÄTEN

Auch in der Türkei kann jede Region mit Spezialitäten aufwarten. An der Küste des Schwarzen Meeres sind es Gerichte mit Sardellen, die z. B. gefüllt und gebraten, in Teig und mit Reis zubereitet werden. An der Küste der Ägäis stehen mit Olivenöl zubereitete Gemüse und feine Fischgerichte an erster Stelle. Aus dem Südosten kommen die schärfsten *kebaps,* und schon am Morgen lassen sich die Männer im Teegarten mitten im Basar von Urfa gegrillte, höllisch scharfe Paprikaschoten auf Fladenbrot schmecken. In Mittelanatolien bei Kayseri sind *mantı,* gefüllte Teigtäschchen, die Spezialität.

Die wichtigsten Zutaten

Schwelgen in kulinarischen Erinnerungen an den Türkei-Urlaub ist leicht machbar mit den Rezepten und den typischen Zutaten aus dem Land am Bosporus. Die wichtigsten finden Sie wenn nicht im gut sortierten Supermarkt, dann im türkischen Lebensmittelladen.

1. Reis von einfach bis üppig

Zu fast jeder warmen Mahlzeit gehört in der Türkei Reis, einfach gegart mit Butter und Salz, Wasser oder Brühe, oder mit etwas Gemüse; üppiger mit Fleischwürfeln, Pinienkernen und Korinthen. Ein Großteil des Reises kommt aus türkischen Anbaugebieten, vor allem aus dem Südosten nahe der Stadt Adana. Wegen der anhaftenden Stärke wird dieser einfache Langkornreis vor dem Kochen gewaschen. Inzwischen wird in der türkischen Küche zunehmend auch Parboiled Reis und Basmati-Reis verwendet. Es gibt verschiedene Kochmethoden: Viele weichen den Reis vorher ein; andere rösten ihn zuerst in Öl, bevor das Wasser zum Garen dazukommt.

2. Bulgur – Weizengrütze warm oder kalt

Bulgur ist vorgegarter, fein oder grob zerstoßener Weizen. Preiswert, gesund, sättigend und gut zu lagern gehört Bulgur zu den Grundnahrungsmitteln der Landbevölkerung. Er gart schnell und wird wie Reis als Beilage oder mit Fleisch und Gemüse als eigenständige Mahlzeit zubereitet. Bulgur kann, eingeweicht, auch ungegart verwendet werden, zum Beispiel mit frischen Kräutern und Gemüse für den Salat *kısır* (Seite 24). Mit Bulgur werden auch Suppen oder Klößchen zubereitet. Im türkischen Lebensmittelhandel wird grober Bulgur zum Kochen als *pilavlık bulgur* angeboten, feiner Bulgur für Klößchen als *köftelik bulgur*.

3. Schafkäse ist immer im Vorrat

Schafkäse, *beyaz peynir* (wörtlich »weißer Käse«), der bei uns unter dem Produktnamen Feta gehandelt wird, kommt in der Türkei fast täglich auf den Tisch. Der in Salzlake gereifte, feste Frischkäse gehört mit Oliven zum traditionellen Frühstück, mit Spinat und Kräutern füllt er Teigwaren und Gebäck. In Salzlake im Kühlschrank aufbewahrt bleibt der Käse länger frisch, sonst sollte er innerhalb der nächsten Tage verbraucht werden. Sehr salzigen Käse für ein paar Stunden in frisches Wasser legen, dann wird er milder. Fast ebenso beliebt: *tulumpeyniri,* Sackkäse, ein krümeliger, salziger Nomadenkäse aus Schaf-oder Ziegenmilch, der ähnlich wie *beyaz peynir* verwendet wird.

4. Kichererbsen beliebt auf jede Art

Wie im übrigen Mittelmeerraum liebt man auch in der Türkei die nahrhaften Kichererbsen, *nohut,* in verschiedenen Zubereitungsarten: püriert als Vorspeise, als Suppeneinlage, mit Reis oder im Eintopf. Die Erbsen werden über Nacht eingeweicht, dann 1 1/2 – 2 Std. gekocht. Im Dampfgarer verkürzt sich die Garzeit um etwa die Hälfte. Gegarte Kichererbsen aus Glas oder Dose sind eine Alternative, wenn die Zeit knapp ist. Geröstet oder mit würziger Knusperkruste sind Kichererbsen als *leblebi* eine allseits beliebte Knabberei.

5. Olivenöl vor allem für Gemüse

Hauptsächlich am Marmarameer und an der Ägäis wird Gemüse traditionell mit Olivenöl zubereitet und lauwarm oder kalt serviert. Diese Gerichte erkennt man am Zusatz *zeytinyağlı* (mit Olivenöl) im Rezeptnamen. Anatolien gilt als Heimat des Olivenbaums, seit Urzeiten werden vor allem an der Ägäis Oliven kultiviert. Sie werden in verschiedenen Reifegraden, von grün über lila bis schwarz, geerntet, eingelegt und zum Frühstück oder zum Salat serviert. Ein Teil wird zu Öl verarbeitet, wobei vor allem das kaltgepresste fruchtige Öl aus dem Gebiet der Ägäis, auch Oliven-Riviera genannt, Genießer begeistert.

Das schmeckt nach Orient – weitere wichtige Zutaten

Hülsenfrüchte, Würzzutaten, Weinblätter und andere Spezialitäten der türkischen Küche

1. Linsen für Suppen oder »Köfte«

Kırmızı mercimek, geschälte kleine rote Linsen, die es im Naturkostladen gibt, wie auch *yeşil mercimek,* die in unserer Küche bekannten grünen Linsen, liebt man für Suppen oder für Linsenbällchen. Diese Gerichte werden oft fleischlos zubereitet.

2. Pekmez – konzentrierte Frucht

Einkochter, sirupartiger Saft von verschiedenen Früchten wie Trauben, Äpfeln oder Johannisbrot wird in vielen Familien noch selbst zubereitet. Den aromatischen Sirup mischt man gerne unter *tahin,* Sesampaste, und stippt darin frisches Weißbrot ein oder bestreicht damit den Teig für Tahin-Schnecken (Seite 149). *Pekmez* kann man im türkischen Lebensmittelgeschäft im Glas kaufen.

3. Schwarzkümmel

Çörekotu, auch Römischer Kümmel genannt, wird zusammen mit Sesamsamen auf Fladenbrot gestreut. Der Samen des Hahnenfußgewächses schmeckt würzig, harzig, ist gut für den Magen und wird auch auf Schafkäse gestreut.

4. Paprikamark – und -flocken

Biber salçası kommt aus Südostanatolien, wo scharfe Paprikaschoten zu Mark verarbeitet werden, das überall in der Türkei in Gläsern oder Dosen angeboten wird. Paprikamark gibt es in unterschiedlichen Schärfegraden. Getrocknete Schoten werden zu Paprikaflocken, *pulbiber,* geschrotet. Mark und Flocken dienen zum Würzen.

5. Tahin – Sesampaste

Die Paste aus gemahlenen Sesamkörnern würzt Kichererbsenpaste *(humus),* Auberginensalat, Marinade für Salat aus weißen Bohnen und wird für Gebäck verwendet. *Tahin* gibt es im Glas im Naturkostladen oder im türkischen oder orientalischen Lebensmittelhandel.

Türkisches *tahin* schmeckt machmal leicht rauchig. Das Sesamöl setzt sich oben ab und muss vor Gebrauch gut untergerührt werden.

6. Sucuk – Knoblauchwurst

Eine Wurst aus fein gekuttertem Rind- und Lammfleisch, die herzhaft mit Knoblauch, Pfeffer und Kreuzkümmel gewürzt ist. Sie wird auch hier zu Lande von türkischen Wurstfabrikanten in guter Qualität hergestellt. *Sucuk* schmeckt, in Scheiben geschnitten, auf Brot, aber auch warm, z. B. mit Eiern gebraten, gegrillt, im Eintopf oder in *yufka*-Blätter gehüllt und gebacken.

7. Weinblätter zum Einwickeln

Salamura yaprak, in Salzlake eingelegte Weinblätter, werden zum Füllen verwendet. Es gibt sie bei uns entweder in Folienpäckchen eingeschweißt oder zusammengerollt im Glas. Die oft sehr salzigen Blätter vor der Verwendung in reichlich frischem Wasser wässern oder blanchieren. Die Stiele mit der Schere abschneiden.

8. Telkadayıfı – fein wie Engelshaar

Dünne Teigfäden, die für Süßspeisen verwendet werden. In gut sortierten türkischen Supermärkten gibt es sie frisch im Folienbeutel. Zu Strängen zusammengefasst, lassen sich gut füllen, zusammenrollen und backen. Getrocknete Teigfäden, im Karton angeboten, sind oft überlagert und brechen leicht.

9. Turşu – Saures auf Türkisch

In allen türkischen Lebensmittelläden fallen kleinere und riesengroße Gläser mit milchsauer eingelegtem buntem Gemüse auf: Peperoni, Möhren, Weißkraut, grüne Bohnen, winzige Kürbisse, Cornichons, grüne Tomaten und sogar unreife Mandeln. *Turşu* wird gerne als Vorspeise, zu Suppe oder Eintopf mit Hülsenfrüchten gegessen. Der *turşu*-Saft fördert den Appetit.

Zutaten vorbereiten

Granatapfelkerne, Artischocken, Joghurt – der Umgang mit diesen typischen Zutaten bzw. die Herstellung ist ganz einfach.

GRANATAPFEL ENTKERNEN

1 Den Granatapfel zunächst ein Stück weit einschneiden.

2 Mit beiden Händen packen, mit etwas Kraft auseinanderbrechen.

3 Die Kerne behutsam mit den Fingern aus den Kammern lösen; eventuell mit herausbrechende weiße Zwischenwände entfernen, sie schmecken bitter.

ARTISCHOCKENBÖDEN

1 Die Blätter auf etwa $^1/_2$ cm über dem Ansatz einkürzen.

2 Das faserige Heu in der Mitte mit einem Teelöffel entfernen. Blattreste rundum abschneiden.

3 Die Stiele der Artischocken bis auf wenige Zentimeter einkürzen und dünn schälen. Die Artischockenböden mit Zitronensaft einreiben, damit sie sich nicht verfärben.

JOGHURT HERSTELLEN

1 $^1/_2$ l Frischmilch (3,5 % Fett) aufkochen und auf 40–50° abkühlen lassen.

2 4 EL stichfesten Joghurt (z. B. Bulgara-Joghurt) mit dem Schneebesen gründlich unterrühren.

3 Ein Gefäß mit Deckel heiß ausspülen. Die Joghurtmilch hineingießen, zudecken. Das Gefäß in ein Badetuch hüllen und an einen warmen Platz stellen. Nach 24 Stunden ist der Joghurt stichfest.

Einfach und zweckmäßig

Die türkische Hausfrau kommt mit wenigen, doch äußerst sinnvollen und vielseitig verwendbaren Gerätschaften zurecht.

Tepsi, das Allround-Blech

Ein *tepsi,* eine runde Form mit glattem Boden, in verschiedenen Größen und mit einem etwa 4–5 cm hohem Rand wird nicht nur zum Backen, sondern für fast alle Gemüse- und Fleischgerichte verwendet, die im Ofen fertig gegart werden. Eine entsprechende Tarteform oder eine ofenfeste Pfanne erfüllt den gleichen Zweck.

Der irdene Güveç-Topf

Der bauchige Tontopf, mit oder ohne Deckel, ist für Eintopf aus dem Ofen unentbehrlich. Früher wurde er auf dem Land in den Brotbackofen gestellt und so die Resthitze sinnvoll genutzt. Das fertige Gericht kommt im Topf auf den Tisch und behält lange die Hitze. Ein *güveç*-Topf aus der Türkei ist sowohl ein schönes, als auch sinnvolles Mitbringsel. Eine hohe Auflaufform oder ein Römertopf kann ebenso für Eintopf verwendet werden.

Die feine Kartoffelreibe

In der türkischen Küche gilt es nicht nur als besonders fein, Zwiebeln oder Tomaten auf der Kartoffelreibe zu reiben, statt sie klein zu würfeln, auch der Geschmack ist bei dieser Vorbereitung delikater. Vor dem Reiben können die Tomaten nach Belieben gehäutet werden.

Ein Spitzsieb mit Filtertüte

Für verschiedene Gerichte ist fester Joghurt gefragt. Inzwischen bieten Supermärkte festen türkischen oder griechischen Schaf- oder Kuhmilchjoghurt an. Wer ihn nicht bekommt, steckt eine Kaffeefiltertüte aus Papier in ein Spitzsieb, setzt es auf einen Rührbecher und lässt löffelfesten, noch unverrührten Joghurt darin $1/2$ Std. abtropfen und fest werden. Mit cremig gerührtem Joghurt funktioniert die Methode nicht. Die türkische Hausfrau lässt Joghurt in einem Mullsäckchen abtropfen.

1. Ofenfeste Pfanne mit hohem Rand und die Tortenform, die das *tepsi,* das runde Allzweckblech der türkischen Küche, ersetzen können. Sie werden zum Kochen und Backen verwendet.

2. Der irdene *güveç*-Topf, mit oder ohne Deckel. Darin gart das Gemüse im Ofen, die Aromen bleiben bewahrt. Wer eine hohe Auflaufform verwendet, verschließt sie gut mit einer Alufolie.

3. Für einige Gerichte aus der feinen türkischen Küche, wie für Marinaden und Suppen, werden rohe Zwiebeln und Tomaten nicht gewürfelt, sondern fein gerieben. Das bringt einen delikaten Geschmack.

4. Spitzsieb und Kaffeefiltertüte und ein Becher werden zum Abtropfen von normalem, löffelfestem, unverrührtem Joghurt benötigt, wenn es im Supermarkt keinen festen Joghurt z. B. für Joghurt-Kräuter-Sauce gibt.

KÜCHENGEHEIMNIS

40 verschiedene Zubereitungsarten soll es in der türkischen Küche für Auberginen geben. Öl – ein wenig reicht schon aus – und Röststoffe sind für den Geschmack entscheidend. Ein Fettspar-Trick der türkischen Küche: Nur einen Teil der Haut in Streifen abschälen, und beim Braten verringert sich die Ölaufnahme. Oder die Auberginen in Scheiben schneiden, mit Öl einpinseln und in einer Grillpfanne rösten. Für Salat die Auberginen als ganze Früchte auf ein mit Alufolie ausgelegtes Blech legen und in der Ofenmitte mit stärkster Hitze rösten, bis die Schale bräunt oder schwarz wird. Das dauert je nach Dicke der Früchte 40–60 Min. Man kann, wie in der Türkei, die Auberginen auch auf glühende Holzkohle legen oder über der Gasflamme rösten. Danach die Früchte längs aufschneiden, mit einem Esslöffel das Fruchtfleisch ausschaben, hacken und Olivenöl, Zitrone sowie weitere Zutaten des Rezepts unterrühren. So kann jeder selbst die Olivenölmenge bestimmen. Lässt es sich bei manchen Rezepten nicht vermeiden, z. B. Auberginenwürfel in Öl zu braten, lässt man sie danach auf zwei Lagen Küchenpapier wieder Öl abgeben.

Auch mit wenig Öl köstlich: ganze, geröstete Aubergine, aufgeschlitzt, ausgeschabt und das Fruchtfleisch mit Zitrone, wenig Olivenöl und Salz zubereitet.

TIPP!

Für alle, die Knoblauch lieben, nach dem Essen aber keinen Knoblauchduft verströmen möchten: Eine geschälte Knoblauchzehe mit der Klingenfläche eines schweren Fleischmessers auf dem Arbeitsbrett anquetschen. Die Zehe in heißem Öl braten, bis sie zu bräunen beginnt, dann die Zehe herausnehmen. So nimmt das Öl das Knoblaucharoma an und der Duft bleibt dezent.

Angedrückt und nur kurz mitgebraten aromatisiert eine Knoblauchzehe Olivenöl auf dezente Weise.

Mit Yufka backen – ganz einfach

Yufka, dünn ausgerollte Teigblätter aus einer Art Strudelteig, stellt in der Türkei der *yufkacı* her, der *yufka*-Bäcker. Nach dem Ausrollen breitet er den Teig auf einem großen, leicht gewölbten Blech aus und lässt ihn über dem Feuer kurz antrocknen.

Yufka-Teigblätter für ein *börek,* eine mit Hackfleisch, Käse oder auch anderen Zutaten gefüllte Teigpastete, kann man sich in der Türkei immer frisch besorgen. Mit etwas Glück bekommt man auch bei uns in türkischen Lebensmittel-Supermärkten tagesfrischen *yufka.* Meist findet man die Teigblätter jedoch zusammengelegt und in Folie eingeschweißt im Kühlregal. Leider ist dieser *yufka* häufig sehr trocken und damit brüchig. Die Teigblätter daher vorsichtig aus der Verpackung nehmen und auseinanderfalten, dann mit der Wassersprühflasche einsprühen oder großzügig Blatt für Blatt mit einer Mischung aus Milch, geschmolzener Butter und Ei einpinseln. So wird der Teig geschmeidig und kann ohne zu brechen nach Rezept verarbeitet werden.

Für Zigaretten-*börek* (Rezept Seite 35) gibt es, ebenfalls in Folie eingeschweißt, bereits zu Dreiecken vorgeschnittene *yufka*-Teigblätter. Sie werden nicht eingesprüht oder eingepinselt sondern direkt gefüllt, aufgerollt und frittiert. Für gefüllte Teigtaschen wird *yufka* einfach mit der Küchenschere in die benötigte Größe geschnitten.

Vorspeisen

»Meze« – von zart bis kross, von mild bis scharf

Mit den in diesem Kapitel vorgestellten Rezepten kann man eine Reihe Vorspeisen für ein Buffet oder eine Vorspeisentafel, die so genannte *rakı*-Tafel (siehe auch Seite 155), zusammenstellen. Dazu wird in der Regel mit Eiswasser verdünnter *rakı* getrunken.

Dicke-Bohnen-Püree

FAVA

FÜR ANFÄNGER
GUT VORZUBEREITEN
VON DER SÜDKÜSTE

ZUBEREITUNG: 25 Min.
GAREN: 45 Min.
PRO PORTION CA.: 305 kcal

FÜR 4 PERSONEN:

1 Zwiebel
4 Knoblauchzehen
150 g geschälte, getrocknete dicke Bohnen (*fava*)
1 Lorbeerblatt
90 ml Olivenöl
Salz | schwarzer Pfeffer, frisch gemahlen
1 Zweig frische Minze
100 ml kräftige Gemüsebrühe

1. Zwiebel und Knoblauchzehen schälen. Bohnen mit $1/2$ l kaltem Wasser aufkochen, den Schaum abschöpfen. Die Zwiebel und 2 Knoblauchzehen grob hacken, mit Lorbeerblatt, 4 EL Olivenöl, 1 TL Salz und $1/2$ TL Pfeffer unterrühren.

2. Die Bohnen bei schwacher Hitze etwa 45 Min. offen kochen, bis sie weich sind und die Flüssigkeit aufgenommen haben, eventuell etwas heißes Wasser nachgießen. Gelegentlich umrühren, damit die Bohnen nicht ansetzen. Lorbeerblatt entfernen.

3. Die Bohnen etwas abkühlen lassen, mit dem Mixstab pürieren, dabei das übrige Olivenöl bis auf einen kleinen Rest sowie die Gemüsebrühe zugeben. Das Püree mit dem übrigen durchgepressten Knoblauch, mit Salz und Pfeffer abschmecken, in eine flache Schüssel geben und erkalten lassen.

4. Minze waschen und trockenschütteln. Die Blättchen abzupfen, grob hacken und über das Bohnenpüree streuen. Das restliche Öl darüber träufeln.

BEILAGE: frisches Fladenbrot

VARIANTE: Statt der Dicken Bohnen über Nacht eingeweichte Kichererbsen 2 Std. kochen und wie die Bohnen zubereiten. 1 EL *tahin* unterrühren. Zuletzt statt Minze gehackte Petersilie und $1/2$ TL scharfes Paprikapulver unter das Olivenöl rühren.

Zucchinipuffer mit Käsecreme

MÜCVER

FÜR GEÜBTE
FÜR GÄSTE
AUS İSTANBUL

ZUBEREITUNG: 45 Min.
PRO PORTION CA.: 415 kcal

FÜR 4 PERSONEN:

1 kg dünne, feste Zucchini
Salz | 3 Frühlingszwiebeln
1 Bund Dill | 1 Bund glatte Petersilie
5 EL Mehl | 3 Eier
schwarzer Pfeffer, frisch gemahlen
100 ml Öl zum Braten

Für die Käsecreme:

100 g Feta-Schafkäse (*beyaz peynir*)
200 g dicker türkischer oder griechischer Joghurt, 6–10 % Fett i. Tr.
3 Zweige frische Minze
$1/2$ TL abgeriebene Schale von einer unbehandelten Zitrone
Salz | Pfeffer, frisch gemahlen
2 EL Olivenöl zum Beträufeln

1. Für die Puffer Zucchini waschen, die Enden knapp abschneiden. Die Schalen leicht abschaben und die Zucchini grob raspeln. 1 TL Salz untermischen, 20 Min. stehen und Saft ziehen lassen.

2. Die Zucchini in einem Sieb abtropfen lassen und ausdrücken, in eine Schüssel füllen. Die Frühlingszwiebeln waschen, putzen und in dünne Ringe schneiden. Dill und Petersilie waschen, trockenschütteln und die Blättchen hacken. Die Hälfte beiseite stellen. Die andere Hälfte mit dem Mehl, Eiern und 1 Prise Pfeffer unter die Zucchini mischen, mit Salz abschmecken.

3. In einer beschichteten Pfanne reichlich Öl erhitzen. Aus je 1 EL Zucchinimasse nach und nach kleine Küchlein goldbraun braten, auf Küchenpapier entfetten.

4. Für die Käsecreme den Feta in einer Schüssel mit der Gabel fein zerdrücken. Den Joghurt unterrühren. Minzeblättchen waschen, trockenschütteln, hacken, mit den beiseite gestellten Kräutern und der Zitronenschale vermischen. Mit Salz und Pfeffer abschmecken, mit dem Olivenöl beträufeln und zu den gebratenen Zucchinipuffern servieren.

> **TIPP!**
> Die Käsecreme schmeckt auch lecker zu Fleischspießen oder Hackfleischröllchen.

Auberginensalat

PATLICAN SALATASI

ZUBEREITUNG: 30 Min.
BACKEN: 1 Std.
PRO PORTION CA.: 175 kcal

FÜR 4 PERSONEN:

1 kg Auberginen
Saft von 1 Zitrone
2 Knoblauchzehen
2 EL *tahin* (Sesampaste)
4 EL Olivenöl
Salz
1/2 Bund glatte Petersilie

1. Den Backofen auf 250° vorheizen. Ein großes Blech mit Alufolie auslegen. Die Auberginen waschen, nass auf das Blech legen und im heißen Ofen (Mitte, Umluft 220°) 45–60 Min. backen, bis sie richtig weich sind.

2. Die Auberginen mit einem nassen Küchentuch bedeckt 5 Min. ruhen lassen. Die Früchte dann auf ein Brett legen, an einer Seite aufschlitzen und das Fruchtfleisch mit einem langen Messer ausschaben. Das Auberginenfleisch sehr klein hacken, in eine Schüssel geben und sofort mit dem Zitronensaft beträufeln, damit es nicht braun wird.

3. Den Knoblauch schälen, durch eine Knoblauchpresse drücken und zugeben. Das *tahin* gut durchrühren, 2 EL davon mit dem Olivenöl zum Salat geben, alles gut verrühren und mit Salz abschmecken. Die Petersilie waschen, trockenschütteln, die Blättchen hacken und unterrühren.

GARNIEREN: Den Salat mit schwarzen Oliven belegen oder in einem Kranz von Tomatenachteln anrichten und mit Petersilien- oder Minzeblättchen dekorieren.

GETRÄNK: mit Eiswasser verdünnter *rakı*

VARIANTE: Statt *tahin* 3 EL gehackte Walnusskerne oder 2 gehäutete, klein gewürfelte Tomaten untermengen.

Scharfes Gemüseragout

ŞAKŞUKA

1. Die Zwiebel und die Knoblauchzehen schälen und klein würfeln. Die Aubergine waschen, den Stielansatz abschneiden und das Gemüse in 1 cm gleich große Würfel schneiden.

2. Die Kartoffeln schälen und ebenfalls in 1 cm große Würfel schneiden. Die Stielansätze der Tomaten entfernen. Die Tomaten kurz überbrühen, häuten, halbieren, die Kerne entfernen und das Fruchtfleisch würfeln. Die Peperoni waschen, halbieren und putzen. Die Schoten in dünne Streifen schneiden.

3. 4 EL Olivenöl in der Pfanne erhitzen. Zwiebeln und Knoblauch glasig braten. Mit dem Sieblöffel aus der Pfanne nehmen und in eine Schüssel geben. Weitere 2 EL zu dem Öl in der Pfanne geben und die Kartoffeln braten, bis sie zu bräunen beginnen, zu den Zwiebeln geben.

4. Das restliche Öl in die Pfanne gießen und die Auberginen rundum leicht braun braten. Die Tomaten und das Gemüse aus dem Schüsselchen unterrühren. Das Tomatenmark in 4 EL heißem Wasser glatt rühren und zufügen. Alles mit Salz, Zucker und Pfeffer würzen und bei schwacher Hitze offen 20–25 Min. kochen, gelegentlich durchrühren. Mit Paprika und Essig würzen, eventuell noch mit Salz und Pfeffer abschmecken. Das Gericht warm oder kalt servieren.

GETRÄNK: mit Eiswasser verdünnter *rakı*

FÜR GEÜBTE
FÜRS BUFFET
VON DER SÜDKÜSTE

ZUBEREITUNG: 50 Min.
PRO PORTION CA.: 235 kcal

FÜR 4 PERSONEN:

1 große Zwiebel
2 Knoblauchzehen
1 große Aubergine
2 fest kochende Kartoffeln
3 Tomaten
2 lange, scharfe grüne oder rote Peperoni
8 EL Olivenöl
1 TL Tomatenmark
Salz
$1/2$ TL Zucker
Pfeffer, frisch gemahlen
$1/2$ TL edelsüßes Paprikapulver
1 EL Weinessig

Aus Linsen oder Weizengrütze entstehen zwei einfache, aber köstliche Vorspeisen. Gespart wird dabei nicht an frischen Kräutern.

Linsenbällchen
MERCİMEK KÖFTESİ

FÜR GEÜBTE
GUT VORZUBEREITEN
AUS MITTELANATOLIEN

ZUBEREITUNG: 1 Std.
PRO PORTION CA.: 270 kcal

FÜR 6 PERSONEN:

2 Schalotten

2 scharfe oder milde Peperoni

30 g Butter

160 g getrocknete, geschälte gelbe Linsen

Salz

240 g fein geschroteter Bulgur (Weizengrütze)

1 EL Tomatenmark

1 EL Paprikapaste *(biber salçası)*

1 Msp. gemahlener Piment

schwarzer Pfeffer, frisch gemahlen

je $^1/_2$ Bund glatte Petersilie und Minze zum Garnieren

Olivenöl für die Hände

1. Die Schalotten schälen und fein hacken. Die Peperoni waschen, längs halbieren, putzen und die Hälften in sehr dünne Streifchen schneiden. Davon ein Drittel beiseite legen.

2. Die Butter in einer Pfanne mittelstark erhitzen. Schalotten und $^2/_3$ der Peperoni darin anbraten, bis die Schalotten glasig werden, beiseite stellen.

3. Die Linsen im Sieb abspülen. Mit 850 ml Wasser und 1 gehäuften TL Salz bei sanfter Hitze etwa 30 Min. kochen, bis die Linsen das Wasser fast aufgenommen haben und zerfallen. Bulgur unterrühren und 10 Min. quellen lassen.

4. Linsen-Bulgur-Mischung in eine Schüssel geben, eine Vertiefung eindrücken. Gebratene Zwiebeln und Peperoni, Tomatenmark und Paprikapaste, Piment und eine gute Prise Pfeffer unterrühren, mit etwas Salz abschmecken.

5. Die Kräuter waschen, trockenschütteln und auf einer Platte ausbreiten. Mit leicht eingeölten Händen aus je 1 EL Linsenbrei ovale Bällchen formen, leicht flach drücken und auf den Kräutern anrichten.

GARNIEREN: mit roten und grünen Paprikastreifen

GETRÄNK: mit Eiswasser verdünnter *rakı*

Bulgursalat
KISIR

FÜR ANFÄNGER
FÜRS BUFFET
AUS SÜDANATOLIEN

ZUBEREITUNG: 40 Min.
BEI 6 PERSONEN
PRO PORTION CA.: 195 kcal

FÜR 4–6 PERSONEN:

200 g fein geschroteter Bulgur (Weizengrütze)

3 Tomaten

1 Bund Frühlingszwiebeln

2 Spitzpaprikaschoten

1 rote, scharfe Peperoni

1 Bund glatte Petersilie

4 Zweige frische Minze

1 EL Tomatenmark

$^1/_4$ TL gemahlener Kreuzkümmel

1 TL edelsüßes Paprikapulver

Salz | schwarzer Pfeffer, frisch gemahlen

4 EL Zitronensaft

4 EL Olivenöl

1. Den Bulgur in einer Schüssel mit 300 ml lauwarmem Wasser vermischen und 30 Min. quellen lassen. Das Gemüse waschen. Von den Tomaten die Stielansätze entfernen. Die Tomaten kurz überbrühen, häuten, die Kerne entfernen und die Tomaten sehr klein würfeln.

2. Die Zwiebeln waschen, putzen, längs vierteln und in schmale Streifchen schneiden. Die Paprikaschoten waschen, halbieren, putzen und klein würfeln.

3. Die Kräuter waschen, trockenschütteln und fein hacken. Tomatenmark, Kreuzkümmel, Paprikapulver, 1 TL Salz und 1 Prise Pfeffer mit Zitronensaft und Öl verrühren und unter den Bulgur mischen. Gemüse und Kräuter unterheben. Den Salat kurz ziehen lassen und vor dem Servieren abschmecken.

GARNIEREN: 2 EL Pinienkerne in der Pfanne ohne Fett goldgelb rösten und über den Salat streuen.

GETRÄNK: mit Eiswasser verdünnter *rakı*

Nicht nur als Vorspeisen, sondern auch als leichte Zwischenmahlzeiten sind diese beiden Gemüsegerichte mit Joghurt geeignet.

Spinat mit Joghurt

YOĞURTLU ISPANAK

FÜR ANFÄNGER
GELINGT LEICHT
AUS DER ÄGÄIS-REGION

ZUBEREITUNG: 30 Min.
PRO PORTION CA.: 190 kcal

FÜR 4 PERSONEN:

500 g frischer Spinat

250 g dicker türkischer oder griechischer Joghurt, 6–10 % Fett i. Tr.

4 EL Olivenöl

Salz

1 Msp. gemahlener Piment

schwarzer Pfeffer, frisch gemahlen

$1/2$ TL Zucker

2–3 EL Zitronensaft

1. Den Spinat putzen, gründlich waschen und abtropfen lassen. Einige zarte Blätter zum Garnieren beiseite legen. Den übrigen Spinat grob hacken.

2. Spinat in einer Pfanne ohne Fett bei starker Hitze zugedeckt 2–3 Min. dünsten und zusammenfallen lassen. Den Deckel abnehmen und weiterdünsten, bis die Flüssigkeit verdampft ist.

3. Den Spinat erkalten lassen und in eine Schüssel geben. Joghurt, 2 EL Öl, das Salz, Piment, Pfeffer, Zucker und Zitronensaft verrühren, unter den Spinat mischen, abschmecken. Bis zum Servieren kühl stellen. Den Spinat auf eine Platte geben, mit den Spinatblättern garnieren und das restliche Olivenöl aufträufeln.

GETRÄNK: mit Eiswasser verdünnter *rakı*

Rote-Beten-Salat mit Joghurt

PEMBE SULTAN SALATASI

FÜR ANFÄNGER
GUT VORZUBEREITEN
AUS İSTANBUL

VORBEREITEN: 1 Std.
ZUBEREITUNG: 20 Min.
MARINIEREN: 30 Min.
PRO PORTION CA.: 100 kcal

FÜR 6 PERSONEN:

1 kg Rote Beten

2 Knoblauchzehen

200 g dicker türkischer oder griechischer Joghurt, 6–10 % Fett i. Tr.

175 g löffelfester Joghurt, 3,5 % Fett i. Tr.

Salz | schwarzer Pfeffer, frisch gemahlen

3 EL Zitronensaft

glatte Petersilie zum Garnieren

1. Die Knollen waschen und mit Wasser bedeckt je nach Größe 45–60 Min. bei Mittelhitze zugedeckt kochen, bis man mühelos hineinstechen kann.

2. Rote Beten abgießen, in kaltem Wasser gut abkühlen lassen. Die Knollen schälen (wegen des stark färbenden Safts am besten mit Einweghandschuhen arbeiten) und auf der groben Gemüsereibe in eine Schüssel raspeln.

3. Den Knoblauch schälen, durch die Knoblauchpresse drücken und in eine Schüssel geben. Den gesamten Joghurt, 1 TL Salz, 1 gute Prise Pfeffer und den Zitronensaft zufügen. Alles gut verrühren.

4. Die Roten Beten untermischen, abschmecken und 30 Min. kühl stellen. Vor dem Servieren die Petersilie waschen, trockenschütteln, die Stiele abschneiden, den Salat mit den Blättchen garnieren.

GETRÄNK: mit Eiswasser verdünnter *rakı*

VARIANTE: Statt Roten Beten 1 kg Möhren schälen, grob raspeln, mit 3–4 EL Olivenöl und 3–4 EL Wasser bei schwacher Hitze in der Pfanne etwa 10 Min. dünsten und dabei gelegentlich umrühren. Die erkalteten Möhren mit der Joghurtmischung verrühren, bis zum Servieren kühl stellen.

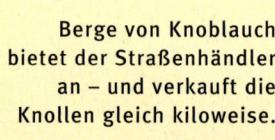

Auf die Tscherkessen, eine Volksgruppe aus dem anatolischen Völkergemisch, geht diese feine Vorspeise zurück.

Tscherkessen-Huhn

ÇERKEZ TAVUĞU

1. Das Hähnchen innen und außen kalt abspülen, in einen Topf legen und knapp mit Wasser bedecken. 1 TL Salz und die Pfefferkörner einstreuen. Die Möhre und Zwiebel schälen, in Stücke schneiden und zugeben. Alles aufkochen, den Schaum abschöpfen. Das Hähnchen zugedeckt bei schwacher Hitze in 50 Min. garen, aus der Brühe nehmen und abkühlen lassen.

2. Die Walnüsse im Blitzhacker fein zerkleinern. Die Nüsse in einer Kasserolle mit dem Paprikapulver vermischen, bei guter Hitze unter Rühren anrösten, bis sie sich leicht färben und Öl ausschwitzen, dann erkalten lassen.

3. Die Brotscheiben entrinden, in etwa $^1/_4$ l Hühnerbrühe einweichen, mit der Gabel fein zerdrücken, mit der Milch unter die Nüsse rühren, sodass eine dicke Paste entsteht. Aus dem Hähnchen Brust- und Keulenfleisch auslösen, Haut, Fett und Sehnen entfernen. Den Rest vom Hähnchen und die Brühe für eine Suppe verwenden.

4. Das Fleisch in etwa 3 cm breite Stücke schneiden. Zwischen Folie, am besten von einem Gefrierbeutel, legen und mit dem Teigroller flach rollen, dann mit den Fingern in feine Fasern zupfen. $^1/_2$ TL Salz, 1 Prise Pfeffer und die Hälfte der Nusspaste untermischen. Die Hälfte der Fleisch-Nuss-Mischung auf eine Platte geben, glatt streichen. Walnussöl und Cayennepfeffer verrühren, die Hälfte davon über die Mischung auf der Platte träufeln.

5. 3 EL Nusspaste aufstreichen, mit der übrigen Fleisch-Nuss-Mischung bedecken. Darauf die restliche Nusspaste streichen und mit dem übrigen Nuss-Cayenne-Öl beträufeln. 30 Min. bei Zimmertemperatur durchziehen lassen. Das Gericht wird mit (Fladen-)Brot gegessen.

GARNIEREN: Eine Platte mit Petersilienblättern auslegen und die Hähnchenpaste darauf geben – nach Belieben mit einem Eisportionierer zu Kugeln geformt –, mit Walnusshälften belegen.

GETRÄNK: trockener Weißwein vom Marmarameer, Trakya, oder *rakı* mit Eiswasser

FÜR KÜCHENPROFIS
FÜR GÄSTE
AUS İSTANBUL

VORBEREITEN: 1 Std.
ZUBEREITUNG: 45 Min.
PRO PORTION CA.: 640 kcal

FÜR 8 PERSONEN:

1 küchenfertiges Masthähnchen, ca. 1,2 kg
Salz
1 TL schwarze Pfefferkörner
1 Möhre
1 Zwiebel
300 g Walnusskerne
$^1/_2$ TL edelsüßes Paprikapulver
$^1/_2$ TL rosenscharfes Paprikapulver
6 Scheiben Kastenweißbrot
$^1/_4$ l Milch
schwarzer Pfeffer, frisch gemahlen
4 EL Walnussöl
1 Msp. Cayennepfeffer

1. Brust- und Keulenfleisch auslösen sowie Haut, Fett und Sehnen entfernen.

2. Die Fleischstücke in etwa 3 cm breite Stücke schneiden. Zwischen Folie legen und mit dem Teigroller flach rollen, dann mit den Fingern in feine Fasern zupfen.

3. Die Hälfte der Fleisch-Nuss-Mischung auf eine Platte streichen und mit dem übrigen Nuss-Cayenne-Öl beträufeln.

Mit frischen Zutaten wird in der türkischen Küche nicht gegeizt: Den Hirtensalat gibt es zu fast jeder Mahlzeit. Den Bohnensalat genießt man auch gerne zu gegrillten Hackfleischröllchen.

FÜR ANFÄNGER
FÜR GÄSTE
AUS DER MITTELMEERREGION

ZUBEREITUNG: 30 Min.
PRO PORTION CA.: 260 kcal

FÜR 4 PERSONEN:

1 Bund Frühlingszwiebeln
4 Tomaten
1 Salatgurke
3 lange dünne, scharfe oder milde Peperoni
1 Bund glatte Petersilie
4 EL Olivenöl
2–3 EL Weißweinessig oder Zitronensaft
Salz
$1/4$ TL schwarzer Pfeffer
50 g schwarze oder grüne Oliven
200 g Feta-Schafkäse (*beyaz peynir*)
1 unbehandelte Zitrone

Hirtensalat

ÇOBAN SALATASI

1. Von den Zwiebeln die harten, grünen Röhren und Wurzelansätze abschneiden. Die Zwiebeln waschen und in Scheibchen schneiden. Die Tomaten waschen und die Stielansätze entfernen. Die Tomaten halbieren, die Kerne entfernen. Die Tomaten in 1 cm große Würfelchen schneiden.

2. Die Gurke schälen und wie die Tomaten würfeln, mit den Zwiebeln auf eine Platte geben. Die Peperoni waschen, halbieren, putzen, nach Belieben mit oder ohne Kerne in dünne Ringe schneiden. Die Petersilie abspülen, die Blättchen fein hacken und mit den Peperoniringen über die Zutaten auf der Platte streuen.

3. Aus Öl, Essig oder Zitronensaft, 1 knappen TL Salz und dem Pfeffer eine Marinade rühren, über den Salat träufeln und untermischen. Die Oliven auf dem Salat verteilen. Den Käse grob zerbröckeln und über den Salat streuen. Zitrone abspülen, vierteln und zum Nachwürzen des Salates an den Rand legen.

GETRÄNK: mit Eiswasser verdünnter *rakı*

FÜR ANFÄNGER
GUT VORZUBEREITEN
AUS DER MITTELMEERREGION

EINWEICHEN: 12 Std.
ZUBEREITUNG: 30 Min.
MARINIEREN: 1 Std.
PRO PORTION CA.: 265 kcal

FÜR 4 PERSONEN:

250 g getrocknete weiße Riesenbohnen
2 Lorbeerblätter
4 EL Weinessig
1 gestrichener TL Salz
$1/2$ TL schwarzer Pfeffer
4 EL Olivenöl
1 große rote Zwiebel
1 große Tomate
$1/2$ Bund glatte Petersilie

Weiße-Bohnen-Salat

PİYAZ

1. Die Bohnen, mit reichlich kaltem Wasser bedeckt, über Nacht einweichen. Am nächsten Tag in ein Sieb schütten. Mit der doppelten Menge frischem Wasser bedeckt aufkochen, abschäumen, die Lorbeerblätter zugeben und die Bohnen offen 30 Min. weiterkochen. Dann zugedeckt noch etwa weitere 30 Min. bei schwacher Hitze garen, bis die Bohnen weich sind; sie dürfen aber nicht zerfallen. In dem Kochwasser erkalten und in einem Sieb abtropfen lassen.

2. Essig, Salz und Pfeffer verrühren, bis sich das Salz aufgelöst hat. Olivenöl unterrühren und Bohnen untermischen. 1 Std. gut durchziehen lassen und eventuell auch etwas nachwürzen.

3. Die Zwiebel schälen, längs halbieren und längs in schmale Streifen schneiden. Die Tomate waschen, halbieren, den Stielansatz und die Kerne entfernen und das Fruchtfleisch klein würfeln. Die Petersilie waschen, trockenschütteln, die Blättchen grob hacken.

4. Die Bohnen auf einer Platte anhäufen, darauf die Zwiebeln, die Tomaten und Petersilie verteilen.

GARNIEREN: mit Achteln von einem hart gekochten Ei

GETRÄNK: mit Eiswasser verdünnter *rakı*

FÜR GEÜBTE
FÜR GÄSTE
AUS DER ÄGÄIS-REGION

ZUBEREITUNG: 40 Min.
PRO PORTION CA.: 515 kcal

FÜR 4 PERSONEN:

500 g Auberginen

500 g feste Zucchini

200 g Mehl

150 ml Bier oder Mineralwasser

Salz

ca. $1/4$ l Olivenöl zum Ausbacken

500 g löffelfester Joghurt

3 Knoblauchzehen

Minzeblätter zum Garnieren

Gebratene Auberginen und Zucchini

YOĞURTLU PATLICAN VE KABAK KIZARTMASI

1. Die Auberginen waschen. Die Stiele abschneiden und das Gemüse längs in $1/2$ cm dicke Scheiben schneiden. Die Zucchini ebenso vorbereiten.

2. 150 g Mehl in eine Schüssel sieben. Nach und nach Bier oder Mineralwasser unterrühren, sodass ein flüssiger Teig entsteht. Diesen leicht salzen. Das übrige Mehl auf einen flachen Teller sieben. Die Auberginen- und Zucchinischeiben darin wenden, überschüssiges Mehl abschütteln.

3. Das Öl in der Pfanne gut erhitzen. Nach und nach Zucchini- und Auberginenscheiben in den Teig tauchen und rasch von beiden Seiten goldbraun braten, auf Küchenpapier entfetten und auf eine Platte legen.

4. Den Joghurt mit dem Schneebesen in einer Schüssel verrühren. Den Knoblauch schälen und durch die Knoblauchpresse dazudrücken, 1 knappen TL Salz unterrühren. Das Gemüse mit Minzeblättchen garnieren und mit der Joghurtsauce servieren.

GETRÄNK: mit Eiswasser verdünnter *rakı* oder ein leichter Weißwein von der Ägäis

FÜR ANFÄNGER
PREISWERT
VON DER SÜDKÜSTE

VORBEREITEN: 40 Min.
ZUBEREITUNG: 20 Min.
DURCHZIEHEN: 20 Min.
BEI 6 PERSONEN
PRO PORTION CA.: 180 kcal

FÜR 4–6 PERSONEN:

1 kg kleine fest kochende Kartoffeln

2 Knoblauchzehen

2 Schalotten

50 g entsteinte schwarze Oliven

4 EL Zitronensaft | Salz

5 EL Olivenöl

1 TL *pulbiber* (Paprikaflocken)

schwarzer Pfeffer, frisch gemahlen

$1/2$ Bund glatte Petersilie

Kartoffelsalat

PATATES SALATASI

1. Kartoffeln waschen, mit Wasser bedeckt in etwa 25 Min. gar kochen, abschrecken und abkühlen lassen.

2. Die Kartoffeln pellen, vierteln und in Würfel schneiden. Knoblauchzehen und Schalotten schälen und fein hacken. Die Oliven klein würfeln und alles zu den Kartoffeln geben.

3. Aus Zitronensaft, 2–3 EL kaltem Wasser, Salz, Olivenöl, *pulbiber* und Pfeffer eine Marinade herstellen und unter den Salat mischen. 20 Min. durchziehen lassen und erneut abschmecken.

4. Petersilie waschen, trockenschütteln, die Blättchen hacken und unter den Kartoffelsalat mischen.

GARNIEREN: mit einigen schwarzen Oliven

GETRÄNK: mit Eiswasser verdünnter *rakı*

TIPP!

Den Kartoffelsalat nach Belieben auf Rucolablättern anrichten und mit hart gekochtem Ei garnieren.

Lebensmittel werden mit viel Respekt behandelt und auf den Märkten für die Käufer kunstvoll arrangiert.

Diese dicken, knusprig frittierten »Zigaretten« mit herzhafter Füllung sind ein Highlight auf dem Party-Buffet!

Zigaretten-Börek
SİGARA BÖREĞİ

1. Den Schafkäse mit der Gabel fein zerdrücken. Die Kräuter waschen, trockenschütteln und die Blättchen fein hacken, unter den Käse mischen.

2. Die Teigblätter auf einer Arbeitsfläche ausbreiten und übereinander legen. Mit einem scharfen Messer oder der Küchenschere in Viertel schneiden. Jedes Viertel so wie Tortenstücke in drei gleich große Dreiecke schneiden. Die Dreiecke zu zwei Stapeln aufeinander legen.

3. Ein Tellerchen mit kaltem Wasser bereit stellen. Auf die abgerundete Basisseite jedes Dreiecks je 1 TL Käse legen, die Ecken rechts und links leicht darüber klappen. Die Dreiecke wie Zigaretten bis zur Spitze hin fest aufrollen.

4. Die Spitzen mit etwas Wasser einpinseln und an die Röllchen kleben. In einer Pfanne 3–4 cm hoch Öl füllen und gut erhitzen. Die Röllchen darin rundum goldbraun braten, auf Küchenpapier entfetten und heiß servieren.

GETRÄNK: *rakı* mit Eiswasser verdünnt

VARIANTE: Für Teigtaschen mit Trockenfleisch jedes Teigblatt in Viertel schneiden. Auf jede Mitte 1 Scheibchen *pastırma*, gewürztes Trockenfleisch (siehe auch Seite 160), 1 dünne Scheibe Tomate und 1 dünne Scheibe (unbehandelte) Zitrone legen. Die Viertel zu Päckchen zusammenfalten und in der Pfanne in Öl goldbraun braten.

TIPP!

Die Röllchen sollten immer frisch ausgebacken werden. Man kann sie auch vorbereiten und bis zum Braten mit Folie bedeckt im Kühlschrank aufbewahren. Nicht verwendete Teigblätter halten sich, wieder gut verpackt, im Kühlschrank 3–4 Tage. Dafür die übrigen Teigblätter wieder zusammenrollen, in die Folienpackung schieben und diese zukleben.

FÜR GEÜBTE
FÜR GÄSTE
AUS İSTANBUL

ZUBEREITUNG: 30 Min.
PRO PORTION CA.: 260 kcal

FÜR 4 PERSONEN:

200 g Feta-Schafkäse
(beyaz peynir)
1 Bund glatte Petersilie
1 Bund Dill
2 Zweige frische oder 1 TL getrocknete Minze
2 *yufka*-Teigblätter
Sonnenblumenöl zum Frittieren

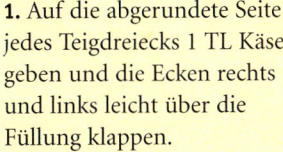

1. Auf die abgerundete Seite jedes Teigdreiecks 1 TL Käse geben und die Ecken rechts und links leicht über die Füllung klappen.

2. Die Dreiecke wie Zigaretten zur Spitze hin fest aufrollen.

3. Die Spitzen mit etwas Wasser einpinseln und an die Röllchen kleben.

ZUBEREITUNG: 30 Min.
PRO PORTION CA.: 340 kcal

FÜR 4 PERSONEN:

4 rote Zwiebeln
Salz
1 Bund glatte Petersilie
1 gestrichener TL *sumak* (rotes Pulver aus Essigbaumfrüchten)
600 g Lamm- oder Kalbsleber in 1 cm dicken Scheiben
4 EL Mehl
8 EL Sonnenblumenöl
$1/2$ TL Cayennepfeffer
schwarzer Pfeffer, frisch gemahlen

ZUBEREITUNG: 1 Std.
PRO PORTION CA.: 555 kcal

**FÜR 6 PERSONEN
(CA. 40 STÜCK):**

Für die Fleischbällchen:

500 g fein durchgedrehtes Lamm- oder Rinderhack
1 Zwiebel
2 Knoblauchzehen
1 Bund glatte Petersilie
2 Scheiben Kastenweißbrot
$1/8$ l Milch
Salz | schwarzer Pfeffer, frisch gemahlen
100 ml Olivenöl zum Ausbacken
3 EL Mehl

Für die Sauce:

2 Scheiben Kastenweißbrot
100 g gemahlene Walnusskerne
3 EL Zitronensaft
8 EL Olivenöl
2 Knoblauchzehen
Salz

Gebratene Leberstreifen mit Zwiebeln
ARNAVUT CİĞERİ

1. Die Zwiebeln schälen, in dünne Ringe schneiden und mit 1 TL Salz bestreuen. Mit der Hand durchkneten und 10 Min. stehen lassen. Die Zwiebeln in ein Sieb geben, kalt abbrausen, abtropfen lassen und trockentupfen. Petersilie waschen, trockenschütteln, die Blättchen dann fein hacken und mit *sumak* unter die Zwiebelringe mischen.

2. Die Leberscheiben in 1 cm breite Streifen und in 2,5 cm lange Stücke schneiden. Das Mehl auf einen Teller sieben. Das Öl in der Pfanne gut erhitzen. Leberstückchen rasch in Mehl wenden und überschüssiges Mehl abschütteln.

3. Die Leberstückchen in Portionen rundum braun braten, dabei öfter wenden, auf Küchenpapier entfetten, mit Cayennepfeffer, Salz und Pfeffer bestreuen und auf eine Platte geben. Die Petersilienzwiebeln daneben anrichten.

GARNIEREN: mit Tomatenachteln

GETRÄNK: mit Eiswasser verdünnter *rakı*

Fleischbällchen mit Walnusssauce
MİSKET KÖFTE

1. Das Fleisch in eine Schüssel geben. Die Zwiebel und den Knoblauch schälen. Die Zwiebel auf der Kartoffelreibe fein reiben. Den Knoblauch durch eine Knoblauchpresse drücken und beides zufügen. Die Petersilie waschen, trockenschütteln und fein hacken. Alles zum Fleisch geben.

2. 2 Scheiben Brot entrinden, in Milch einweichen, ausdrücken und zu den Zutaten in der Schüssel geben. Mit Salz und Pfeffer würzen und alles gründlich verkneten.

3. Aus der Fleischmasse walnussgroße Bällchen formen. Das Öl in einer Pfanne gut erhitzen. Die Bällchen in Mehl wälzen, das überschüssige Mehl gut abschütteln, im Öl hellbraun braten und warm halten.

4. Für die Sauce Nüsse in ein Schüsselchen geben. Das Brot entrinden, in etwas warmem Wasser einweichen, ausdrücken und zufügen, mit Zitronensaft und Öl zu einer geschmeidigen Masse verarbeiten.

5. Den Knoblauch schälen und durch die Knoblauchpresse dazudrücken. So viel kaltes Wasser unterrühren, dass eine dickliche Sauce entsteht. Mit Salz abschmecken und zum Dippen zu den Hackfleischbällchen servieren.

GETRÄNK: *rakı* mit Eiswasser oder ein kühles Bier

TIPP!
Als Fingerfood die Bällchen auf Zahnstocher aufspießen und leicht in die Sauce stippen.

Suppen

Herzhaftes, Wärmendes und Erfrischendes zum Löffeln

Suppen spielen in der türkischen Küche eine große Rolle. Auf dem Land und in den Arbeitervierteln der Städte werden sie bereits zum Frühstück serviert. Oft besteht auch das Mittagessen aus einer Suppe und einem Gemüsegericht oder einfach aus Reis, und Brot gehört immer dazu.

FÜR ANFÄNGER
FRUCHTIG
AUS DER ÄGÄIS-REGION

ZUBEREITUNG: 40 Min.
PRO PORTION CA.: 160 kcal

FÜR 4 PERSONEN:

1,5 kg reife, doch feste Strauchtomaten
1 Zwiebel
3 EL Olivenöl
500 ml Fleisch- oder Gemüsebrühe
50 g Rundkornreis | Salz
$\frac{1}{2}$ TL Zucker
schwarzer Pfeffer, frisch gemahlen
$\frac{1}{2}$ TL gemahlener Fenchel-samen
$\frac{1}{2}$ Bund glatte Petersilie

Tomatensuppe mit Reis
DOMATES ÇORBASI

1. Die Tomaten waschen. Die Stielansätze entfernen. Die Tomaten auf der feinen Kartoffelreibe in eine Schüssel reiben, aber Vorsicht: Dabei nicht die Finger verletzen! Die Zwiebel schälen und klein würfeln.

2. Das Öl im Suppentopf erhitzen und die Zwiebeln darin glasig dünsten. Die geriebenen Tomaten unterrühren, aufkochen. Die Brühe und den Reis zufügen, die Suppe zugedeckt bei schwacher Hitze 20 Min. kochen und gelegentlich umrühren.

3. Die Suppe mit Salz, Zucker, Pfeffer und Fenchel würzen und noch 5 Min. köcheln lassen. Die Petersilie waschen und trockenschütteln, die Blättchen fein gehackt auf die Suppe streuen.

> **TIPP!**
> Die Suppe kann heiß, aber auch kalt als erfrischende Sommersuppe serviert werden. Dazu schmeckt frisch aufgebackenes Baguette.

FÜR GEÜBTE
PREISWERT
AUS MITTELANATOLIEN

ZUBEREITUNG: 45 Min.
PRO PORTION CA.: 575 kcal

FÜR 4 PERSONEN:

250 g geschälte rote Linsen
1 Zwiebel | 1 Möhre
40 g Butter | 1 l Gemüsebrühe
$\frac{1}{2}$ l Milch | Salz
schwarzer Pfeffer, frisch gemahlen
1 Msp. gemahlener Piment
1 Msp. Cayennepfeffer
1–2 EL Zitronensaft

Außerdem:

$\frac{1}{2}$ Bund Dill
40 g weiche Butter | Salz
schwarzer Pfeffer, frisch gemahlen
8 Scheibchen dünnes Baguette

Rote Linsensuppe
KIRMIZI MERCİMEK ÇORBASI

1. Die Linsen in einem Sieb kalt abspülen und abtropfen lassen. Die Zwiebel und die Möhre schälen und klein würfeln. Butter in einem Suppentopf mittelstark erhitzen und das Gemüse darin anschwitzen. Linsen und Gemüsebrühe dazugeben, aufkochen und so lange kochen, bis sich der Schaum gelegt hat. Dann zugedeckt bei schwacher Hitze noch 30 Min. kochen.

2. Linsen und Gemüse mit dem Pürierstab pürieren und durch ein Haarsieb passieren. Die Milch zugießen und erneut aufkochen. Mit Salz, Pfeffer, Piment, Cayennepfeffer und Zitronensaft abschmecken.

3. Den Dill waschen, trockenschütteln, fein hacken, mit der Butter, 1 Prise Salz und Pfeffer vermischen. Die Baguettescheibchen damit bestreichen und auf ein Blech legen. $\frac{1}{2}$–1 Min. unter dem Grill knusprig werden lassen. Auf jede Suppenportion 1–2 Brotscheibchen legen und das Gericht sofort servieren.

Die hier vorgestellte Linsensuppe wird in Anatolien – meist mit selbst gemachten Nudeln, Erişte, – als Hauptmahlzeit gegessen.

Grüne Linsensuppe mit Nudeln

ERİŞTELİ YEŞİL MERCİMEK ÇORBASI

FÜR ANFÄNGER
HERZHAFT
AUS MITTELANATOLIEN

EINWEICHEN: 4 Std.
ZUBEREITUNG: 45 Min.
PRO PORTION CA.: 515 kcal

FÜR 4 PERSONEN:

300 g grüne Linsen
2 Zwiebeln
40 g Butter | 1 1/2 EL Mehl
1 gehäufter TL getrocknete Minze
1 1/2 EL Tomatenmark
schwarzer Pfeffer, frisch gemahlen
1 3/4 l Fleischbrühe
100 g streifig geschnittene Suppennudeln | Salz
1 TL Paprikapulver, nach Geschmack edelsüß oder rosenscharf
getrocknete Minze zum Bestreuen

1. Die Linsen mit reichlich kaltem Wasser bedeckt 4 Std. einweichen. In einem Sieb abtropfen lassen. Die Zwiebeln schälen und klein hacken.

2. In einem Topf die Butter erhitzen und die Zwiebeln darin bei Mittelhitze braten, bis sie leicht zu bräunen beginnen. Das Mehl unterrühren und kurz anrösten. Die Minze, das Tomatenmark und eine gute Prise Pfeffer unterrühren. Unter Rühren die Brühe zugießen und aufkochen.

3. Die Linsen unterrühren und alles bei schwacher Hitze etwa 20 Min. kochen, bis die Linsen gar sind. Nudeln in die Suppe geben und nach der Packungsanweisung 6–8 Min. mitkochen. Die Suppe mit Salz und Paprika abschmecken.

GARNIEREN: mit getrockneter Minze

TIPP!

Nach Belieben ein bisschen Zitronensaft unter jede Suppenportion rühren, das gibt ihr eine frische Note.

Gemüsesuppe

SEBZE ÇORBASI

FÜR GEÜBTE
HERZHAFT
VOM MARMARAMEER

ZUBEREITUNG: 1 Std.
PRO PORTION CA.: 320 kcal

FÜR 4 PERSONEN:

1 Zwiebel
1 Stück Knollensellerie, ca. 200 g
2 Möhren | 1 dicke Kartoffel
1 Stange Lauch
200 g grüne Bohnen
40 g Butter
75 g Patnareis
1 3/4 l Fleisch- oder Gemüsebrühe
Salz | schwarzer Pfeffer, frisch gemahlen
1 Ei | 2 EL Zitronensaft
1/2 Bund glatte Petersilie

1. Die Zwiebel schälen und hacken. Sellerie, Möhren und Kartoffel schälen und in 1 cm große Würfel schneiden.

2. Vom Lauch ledrige grüne Blätter und den Wurzelansatz abschneiden. Die Stange putzen, längs aufschneiden und gründlich waschen. Den Lauch quer in dünne Streifchen schneiden. Die Bohnen waschen, putzen und in etwa 2 cm lange Stücke schneiden.

3. In einem Suppentopf die Butter erhitzen und das gesamte Gemüse bei Mittelhitze unter Rühren 1/2 Min. andünsten. Den Reis unterrühren und mitdünsten, bis er glasig wird.

4. Die Brühe unterrühren, aufkochen und alles zugedeckt bei schwacher Hitze 30 Min. kochen. Die Suppe mit Salz und Pfeffer abschmecken und beiseite stellen.

5. Das Ei mit Zitronensaft verquirlen. Eine halbe Kelle Suppe unter Rühren dazugeben und langsam unter die Suppe mischen. Die Gemüsesuppe abschmecken. Petersilie waschen, die Blättchen hacken und zuletzt unterrühren.

FÜR ANFÄNGER
PREISWERT
AUS MITTELANATOLIEN

ZUBEREITUNG: 50 Min.
PRO PORTION CA.: 365 kcal

FÜR 4 PERSONEN:

1 große Zwiebel
60 g Butter
1 1/2 l Fleischbrühe
75 g Reis
350 g löffelfester Joghurt
2 kleine Eier
1 TL Speisestärke
Salz | schwarzer Pfeffer, frisch
gemahlen
2–3 EL Zitronensaft
1 1/2 TL getrocknete Minze
2 EL gehackte frische Minze

Almsuppe

YAYLA ÇORBASI

1. Die Zwiebel schälen und klein würfeln. 30 g Butter in einem Suppentopf erhitzen, die Zwiebeln darin bei Mittelhitze glasig braten. Die Brühe zugießen und aufkochen. Reis hineingeben, bei sanfter Hitze zugedeckt in 20–30 Min. weich garen.

2. Die Brühe von der Kochstelle nehmen, leicht abkühlen lassen. Joghurt, Eier und Stärke in einer Schüssel mit dem Schneebesen verquirlen. Eine Suppenkelle der heißen Brühe unterrühren. Die Joghurt-Eier-Mischung unter die Suppe rühren.

3. Die Suppe bei Mittelhitze unter ständigem Rühren langsam erhitzen, bis sie dicklich wird. Sie darf nicht mehr kochen, dann gerinnt sie. Die Suppe mit Salz, mit Pfeffer und Zitronensaft abschmecken.

4. In einem Butterpfännchen 30 g Butter erhitzen, bis sie schäumt. Die getrocknete Minze untermischen, aufschäumen lassen und in die Suppe rühren. Vor dem Servieren mit frischer Minze bestreuen.

BEILAGE: Fladenbrot

TIPP!

Türkischer Joghurt ist deutlich säuerlicher als der hier zu Lande erhältliche. Bulgara-Joghurt kommt ihm geschmacklich am nächsten. Bei sehr mildem Joghurt etwas mehr Zitronensaft zugeben.

FÜR GEÜBTE
EINE MORGENSUPPE
AUS MITTELANATOLIEN

ZUBEREITUNG: 50 Min.
PRO PORTION CA.: 335 kcal

FÜR 4 PERSONEN:

100 g geschälte rote Linsen
50 g fein geschroteter Bulgur
(Weizengrütze)
1 Zwiebel | 60 g Butter
2 EL Tomatenmark
1 TL Paprikapaste (biber salçası)
1 3/4 l Gemüse- oder Fleisch-brühe
100 g Champignons
Salz | schwarzer Pfeffer, frisch gemahlen
1 TL getrocknete Minze

Suppe der Braut Ezo

EZO GELİN ÇORBASI

1. Linsen und Bulgur in ein Sieb geben, mit kaltem Wasser abbrausen und abtropfen lassen. Die Zwiebel schälen und klein hacken. 30 g Butter im Suppentopf erhitzen und die Zwiebeln darin glasig braten.

2. Linsen, Bulgur, Tomaten- und Paprikamark unterrühren, die Brühe zugießen und aufkochen. Alles 30 Min. bei schwacher Hitze zugedeckt kochen, gelegentlich die Suppe umrühren.

3. Inzwischen die Champignons putzen, in dünne Scheiben schneiden. 20 g Butter in der Pfanne erhitzen. Die Champignons rundum 1–1 1/2 Min. braten, unter die Suppe rühren, aufkochen und mit Salz und Pfeffer abschmecken.

4. Die restliche Butter in einem Butterpfännchen erhitzen, bis sie schäumt. Die Minze unterrühren und die Minzebutter unter die Suppe mischen.

GARNIEREN: mit gehackter Petersilie

BEILAGE: Fladenbrot oder Baguette

Linsen, Bohnen, Kichererbsen, Bulgur und Reis sind die wichtigsten Zutaten der Alltagsküche.

Wie überall rund ums Mittelmeer genießt man auch an der türkischen Küste delikate Fischsuppen. Hier eine Variante, die mit Ei und Zitronensaft gebunden wird.

Fischsuppe
BALIK ÇORBASI

1. Die Zwiebeln waschen, putzen und in etwa 2 cm lange Stücke schneiden. Knoblauch schälen und in Scheibchen schneiden. Die Möhre schälen und in Stifte schneiden.

2. Das Gemüse, die Lorbeerblätter und 2 Zweige gewaschene Petersilie in eine große Pfanne mit hohem Rand oder in einen Fischtopf legen. Die Fischstücke kalt abspülen, trockentupfen, rundum mit etwas Salz bestreuen und darauf legen. Alles mit 2 EL Olivenöl beträufeln, 1 1/2 l heißes Wasser angießen, aufkochen und den Fisch, je nach Dicke, zugedeckt 10–15 Min. bei schwacher Hitze garen.

3. Den Fisch etwas abkühlen lassen, die Stücke aus der Pfanne heben, von Haut und Gräten befreien und in mundgerechte Stücke teilen. Die Fischbrühe durch ein Sieb abgießen und aufheben.

4. In einem Suppentopf das restliche Olivenöl erhitzen, das Mehl darin anschwitzen. Mit dem Schneebesen nach und nach die Brühe unterrühren und 2 Min. kochen lassen. Die Suppe mit Salz, Pfeffer und Piment abschmecken und von der Kochstelle nehmen.

5. In einer Schüssel Zitronensaft und Eigelbe verquirlen und vor dem Servieren unter die leicht abgekühlte Suppe rühren. Langsam unter Rühren erneut erhitzen, bis sie dicklich wird. Die Fischstücke hineinlegen und erwärmen. Die übrige Petersilie und den Dill waschen, trockenschütteln, die Blättchen fein hacken und über die Suppe streuen.

BEILAGE: Fladenbrot oder Baguette

FÜR KÜCHENPROFIS
FÜR GÄSTE
AUS DER ÄGÄIS-REGION

ZUBEREITUNG: 45 Min.
BEI 4 PORTIONEN
PRO PORTION CA.: 360 kcal

FÜR 4–5 PERSONEN:

2 Frühlingszwiebeln
2 Knoblauchzehen
1 Möhre
2 Lorbeerblätter
1/2 Bund glatte Petersilie
800 g gemischte Fischstücke mit Haut und Gräten von festfleischigen Meeresfischen, z. B. vom Meerbarsch, Zackenbarsch oder Rotbarsch
Salz
5 EL Olivenöl
2 gestrichene EL Mehl
schwarzer Pfeffer, frisch gemahlen
1 Msp. gemahlener Piment
4 EL Zitronensaft
2 Eigelbe
3 Zweige Dill

INFO!

Die Türkei wird an drei Seiten von Meeren begrenzt. Im Norden vom Schwarzen Meer, das durch den Bosporus und die Dardanellen mit den warmen Meeren des Südens verbunden ist. Zwischen den beiden Meerengen liegt das Marmarameer. So wie die Türken ihre nomadische Kochkultur aus den Steppen Innerasiens nach Anatolien brachten, so ließen sie sich von den in Kleinasien eingesessenen Zivilisationen zu neuen Gerichten inspirieren. Wenn auch die Nahrung aus dem Meer in der Volksküche noch zögerlich aufgenommen wird, so trifft sie in der Hauptstadt Ankara und direkt an den Küsten auf eine breite Fangemeinde. Davon zeugen in Istanbul die Fischrestaurants am Bosporus und am Marmarameer und in Izmir entlang des Kordon, der weitgeschwungenen Küstenstraße. Zu den Lieblingsfischen zählen Bonito (*palamut*), Blaubarsch (*lüfer*) Steinbutt (*kalkan*), Schwertfisch (*kılıc*

balığı), Rotbarbe (*barbunya*), Seezunge (*dil balığı*) und Seebarsch (*levrek*). Ein Ehrenplatz muss allerdings der Sardelle aus dem Schwarzen Meer (*hamsi*) eingeräumt werden. Dieser kleine Fisch wird in der Region nicht nur in unzähligen Rezepten zubereitet, sondern auch in vielen Gedichten – von Generation zu Generation weiter gegeben – gefeiert. Die allgemein üblichen Zubereitungsarten von Fisch: Festfleischiger Fisch wird entweder auf den Grill gelegt oder auf den Spieß gesteckt und gegrillt, oder in Mehl gewendet und in reichlich Olivenöl gebraten. Gerne wird er auch in Papier eingepackt und im Ofen gegart, als Pilav in Stücken mit Reis gekocht oder als Fischsuppe mit viel Zitronensaft angerichtet. Zu den originellsten Zubereitungsarten gehört *pilaki* aus Fisch, Muscheln oder Garnelen, wobei die Hauptzutat mit Gemüse, Olivenöl, Salz und Zucker gedünstet wird.

ZUBEREITUNG: 20 Min.
PRO PORTION CA.: 295 kcal

FÜR 4 PERSONEN:

3 kleine, feste türkische Gurken oder 1 feste Schlangengurke

1 kg kalter, löffelfester Joghurt

Salz

2 Knoblauchzehen

$1/2$ Bund glatte Petersilie

$1/2$ Bund Dill

3 EL gehackte Walnusskerne

3 EL Olivenöl

2 Zweige frische Minze zum Garnieren

Kalte Gurkensuppe mit Walnüssen

CACIK

1. Die Gurken schälen, sehr klein würfeln und in eine Salatschüssel geben. Joghurt in einer Schüssel mit $1/4$ l kaltem Wasser und 1 TL Salz verquirlen.

2. Knoblauch schälen, durch die Knoblauchpresse drücken, unter den Joghurt mengen, diesen unter die Gurken rühren. Bis zum Servieren kühl stellen.

3. Kurz vor dem Servieren Petersilie und Dill waschen, trockenschütteln, Blättchen hacken und unter das *cacık* mischen. Die Nüsse überstreuen und das Olivenöl aufträufeln. Die Minze waschen, trockenschütteln, das *cacık* mit den abgezupften Blättchen garnieren.

TIPP!

Cacık wird in der heißen Jahreszeit gerne als erfrischende Vorspeise oder Suppe zubereitet, mit Fladenbrot oder einer Portion Reis serviert.

ZUBEREITUNG: 50 Min.
BEI 6 PERSONEN PRO PORTION CA.: 335 kcal

FÜR 4–6 PERSONEN:

4 große Scheiben helles Weizenbrot, ca. 250 g, oder die entsprechende Menge Fladenbrot

1 Zwiebel

2 Tomaten

2 Knoblauchzehen

3 Spitzpaprikaschoten

5 EL Olivenöl

200 g Rinderhackfleisch

$1/2$ EL Tomatenmark

$1\,1/4$ l Fleisch- oder Gemüsebrühe

Salz | schwarzer Pfeffer, frisch gemahlen

300 g Joghurt

Brotsuppe

PAPARA

1. Den Backofen auf 220° vorheizen. Das Brot in kleine Würfel schneiden, auf dem Backblech verteilen und im heißen Ofen (Mitte, Umluft 200°) in 15 Min. kross backen. Erkalten lassen.

2. Die Zwiebel schälen und klein würfeln. Die Tomaten waschen und die Stielansätze entfernen. Tomaten auf der feinen Kartoffelreibe in eine Schüssel reiben. Den Knoblauch schälen, eine Zehe hacken. Die Spitzpaprikaschoten waschen, vierteln, putzen und in dünne Streifen schneiden.

3. Das Öl in einem Suppentopf erhitzen, Zwiebeln und gehackten Knoblauch darin glasig braten. Das Hackfleisch unterrühren und mit dem Kochlöffel fein zerkrümeln und anbraten. Die Paprikastreifen unterrühren und alles 2 Min. dünsten. Das Tomatenmark mit den geriebenen Tomaten

vermischen, zufügen und 1 Min. weiterdünsten. Die Brühe zugießen, die Suppe 15 Min. kochen und mit Salz und Pfeffer abschmecken.

4. 1 Knoblauchzehe durch die Knoblauchpresse in eine Schüssel drücken. Joghurt und $1/2$ TL Salz zugeben und alles cremig rühren. Das Brot auf Suppenteller verteilen, jeweils einen Teil Suppe darauf geben, mit 1–2 EL Joghurt oder mehr bedecken.

GARNIEREN: mit frischer Minze

ZUBEREITUNG: 35 Min.
PRO PORTION CA.: 675 kcal

FÜR 4 PERSONEN:

200 g mageres Rinderhack-
fleisch

80 g fein geschroteter Bulgur
(Weizengrütze)

2 EL Mehl

1 Eiweiß

Salz | schwarzer Pfeffer, frisch
gemahlen

$^1/_2$ TL gemahlener Kreuzkümmel

1 Zwiebel

40 g Butter

1 EL Tomatenmark

1 $^1/_2$ l Fleisch- oder Gemüsebrühe

1 kleine Dose gegarte Kichererbsen (460 g Inhalt)

2 Zweige glatte Petersilie

2 EL Zitronensaft

Fleischklößchensuppe

AKŞEHIR ÇORBASI

1. Fleisch, Bulgur, 1 EL Mehl, 1 Eiweiß, $^1/_2$ TL Salz, $^1/_2$ TL Pfeffer und Kreuzkümmel in eine Schüssel geben und gründlich durchkneten. Aus der Fleischmasse haselnussgroße Bällchen formen. 1 EL Mehl in eine Schüssel geben, die Fleischbällchen darin rollen, bis sie rundum mit Mehl bedeckt sind und das überschüssige Mehl wieder abschütteln.

2. Die Zwiebel schälen und klein würfeln. Die Butter in einem Suppentopf erhitzen und die Zwiebeln darin braten, bis sie sich goldgelb zu färben beginnen. Das Tomatenmark unterrühren. Die Brühe unter Rühren dazugießen; die Suppe 2–3 Min. kochen lassen.

3. Die Bällchen in die Brühe legen und 6–7 Min. bei schwacher Hitze köcheln. Die Kichererbsen in einem Sieb abtropfen lassen, in die Suppe geben, alles weitere 5 Min. kochen.

4. Die Petersilie waschen, trockenschütteln und die Blättchen hacken. Die Suppe mit Salz, Pfeffer und mit dem Zitronensaft abschmecken. Die Petersilie vor dem Servieren überstreuen.

BEILAGE: helles Bauern- oder Fladenbrot

VORBEREITEN: 45 Min.
ZUBEREITUNG: 30 Min.
PRO PORTION CA.: 600 kcal

FÜR 4 PERSONEN:

$^1/_2$ Masthähnchen oder
Suppenhuhn

1 Zwiebel

1 Lorbeerblatt

2 Gewürznelken

Salz

100 g Patnareis

1 kleine Dose gegarte Kichererbsen (460 g Inhalt)

1 EL Tomatenmark

3–4 EL Zitronensaft

schwarzer Pfeffer, frisch
gemahlen

30 g Butter

1 TL getrocknete Minze

Hühnersuppe mit Reis und Kichererbsen

NOHUTLU TAVUK ÇORBASI

1. Vom Hähnchen oder Huhn zu reichliches Fett entfernen. Die Zwiebel schälen, halbieren und in Streifen schneiden. In einem Suppentopf 1 $^1/_2$ l Wasser mit Zwiebeln, Lorbeer, Nelken und 1 knappen EL Salz aufkochen. Das Geflügel darin zugedeckt bei schwacher Hitze etwa 45 Min. garen und danach auf einem Teller erkalten lassen.

2. Die Brühe aufkochen und den Reis darin bei schwacher Hitze 20 Min. kochen. Haut, Knochen und Sehnen vom Hähnchen entfernen, das Fleisch in mundgerechte Stücke schneiden. Die Kichererbsen in einem Sieb abtropfen lassen und nach 15 Min. Garzeit für den Reis mit dem Geflügelfleisch in die Suppe geben. Diese noch 5 Min. kochen.

3. Das Tomatenmark mit Zitronensaft glatt rühren und in die Suppe mischen, mit Salz und Pfeffer abschmecken und kurz aufkochen lassen. In einem Butterpfännchen die Butter erhitzen, bis sie schäumt. Die Minze einrühren und die Minzebutter unter die Hühnersuppe rühren.

Eier-, Teig- und Reisgerichte

Reichlich Abwechslung für die Alltagsküche

Petersilie, Dill, Minze, Frühlingszwiebeln – mit frischen Kräutern werden auch einfache Eiergerichte zu etwas Besonderem.

Frühlingsomelett

KAYGANA

ZUBEREITUNG: 15 Min.
PRO PORTION CA.: 260 kcal

FÜR 4 PERSONEN:

1 Bund glatte Petersilie
1 Bund Dill
1 Bund frische Minze
1 Bund Frühlingszwiebeln
4 Eier
1 EL Mehl
100 g Feta-Schafkäse
(beyaz peynir)
Salz | schwarzer Pfeffer, frisch gemahlen
40 g Butter oder 4 EL Olivenöl

1. Kräuter waschen und trockenschütteln. Die Blättchen hacken. Die Frühlingszwiebeln putzen, waschen und mit den grünen Röhren in Ringe schneiden.

2. Die Eier in einer Schüssel verquirlen. Das Mehl übersieben und unterrühren. Den Schafkäse mit einer Gabel fein zerdrücken, mit den Kräutern unter die Eier heben. Mit Salz und Pfeffer abschmecken.

3. In einer beschichteten Pfanne die Butter bei mittlerer Hitze schmelzen und die Eiermischung hineingießen. Einen Deckel aufsetzen, bei schwacher Hitze 4–5 Min. braten, bis das Omelett fest geworden ist. Die Pfanne gelegentlich leicht rütteln. Das Omelett auf eine Platte gleiten lassen und in Viertel schneiden.

GETRÄNK: *ayran* (Seite 153)

> **TIPP!**
> Zum köstlichen Frühlingsgericht einen Salat vorbereiten und knusprig aufgebackenes Fladenbrot dazu servieren.

Gefüllte Eier

YUMURTA DOLMASI

ZUBEREITUNG: 40 Min.
PRO PORTION CA.: 255 kcal

FÜR 4 PERSONEN:

5 Eier
100 g Feta-Schafkäse
(beyaz peynir)
1/2 Bund glatte Petersilie
1/4–1/2 Bund Dill
Salz | schwarzer Pfeffer, frisch gemahlen
1/2 l Sonnenblumenöl zum Frittieren
1 Romana-Salatherz

1. 4 Eier 10–12 Min. hart kochen. Die Eier in kaltes Wasser legen, bis sie richtig erkaltet sind und abpellen. Die Eier der Länge nach halbieren und die Dotter vorsichtig herausnehmen.

2. Eigelb und Käse in eine Schüssel geben. Die Kräuter waschen, trockenschütteln, die Blättchen fein hacken und dazugeben. Alles mit der Gabel fein zerdrücken, mit Salz und Pfeffer abschmecken.

3. Das Öl erhitzen, bis an einem hineingehaltenen Holzspieß oder Holzkochlöffelstiel Bläschen aufsteigen. Inzwischen die Käsemischung in die Eihälften füllen und vorsichtig festdrücken, die restliche Füllung darauf häufen und mit der Innenseite eines Esslöffels zu einer Wölbung festdrücken.

4. Das übrige Ei verquirlen und die Eihälften vorsichtig darin wenden. Im Öl goldgelb ausbacken.

5. Das Salatherz auseinandernehmen, es werden 8–10 Blätter benötigt. Die Blätter waschen, trockenschütteln, die Eier darauf anrichten. Sie können warm oder kalt serviert werden, z. B. auch als Vorspeise.

GETRÄNK: mit Eiswasser verdünnter *rakı*

Gerne lässt der Händler die Kundschaft auch probieren, ehe er eine Käseecke abschneidet.

FÜR ANFÄNGER
GEHT SCHNELL
AUS İZMİR

ZUBEREITUNG: 20 Min.
PRO PORTION CA.: 265 kcal

FÜR 4 PERSONEN:

1/2 Bund Frühlingszwiebeln

2 Tomaten

4 milde oder scharfe Spitzpaprikaschoten

40 g Butter

4 Eier

Salz | schwarzer Pfeffer, frisch
gemahlen

100 g Feta-Schafkäse
(beyaz peynir)

1/2 Bund glatte Petersilie

**FÜR ANFÄNGER
HERZHAFT
AUS DER STADT KAYSERİ**

ZUBEREITUNG: 15 Min.
PRO PORTION CA.: 275 kcal

FÜR 4 PERSONEN:

80 g dünn aufgeschnittener
pastırma (S. 160)

50 g Butter

4 Eier

**FÜR GEÜBTE
PREISWERT
AUS DER ÄGÄIS-REGION**

ZUBEREITUNG: 30 Min.
PRO PORTION CA.: 345 kcal

FÜR 4 PERSONEN:

500 g löffelfester Joghurt

3 Knoblauchzehen | Salz

4 EL Weißweinessig

8 sehr frische Eier

4 EL Sonnenblumenöl

1 TL rosenscharfes Paprikapulver

2–3 Salbeiblätter

Gemüse-Eier
MENEMEN

1. Zwiebeln putzen, waschen, mit den grünen Röhren in Ringe schneiden. Von den Tomaten die Stielansätze entfernen. Die Tomaten kurz überbrühen, häuten, halbieren, entkernen und würfeln. Die Paprikaschoten waschen, halbieren, putzen und in 1 cm breite Streifen schneiden.

2. In einer großen beschichteten Pfanne die Butter mittelstark erhitzen, Zwiebeln darin glasig braten. Das übrige Gemüse untermischen und in 3–4 Min. unter gelegentlichem Rühren gar dünsten. Die Eier über der Pfanne aufschlagen, verrühren und rühren, bis sie stocken. Das Gericht soll aber weich und saftig bleiben. Die Gemüse-Eier mit Salz und Pfeffer würzen.

3. Den Käse zerbröckeln und aufstreuen. Die Petersilie waschen, trockenschütteln, die Blättchen hacken und überstreuen.

BEILAGE: frisch aufgebackenes knuspriges Fladenbrot

GETRÄNK: Tee (Rezept Seite 153)

> **TIPP!**
> Als schneller Imbiss sind die Gemüse-Eier sehr beliebt und werden auch in einfachen Straßenküchen immer frisch zubereitet.

Eier mit Pastirma
PASTIRMALI YUMURTA

1. Vom *pastırma* nach Geschmack einen Teil der Gewürzkruste entfernen, denn sie schmeckt sehr kräftig. Die Butter in einer beschichteten Pfanne mittelstark erhitzen und die *pastırma*-Scheiben nebeneinander hineinlegen, mit 3 EL Wasser beträufeln und 2 Min. zugedeckt dünsten.

2. Die Eier einzeln über oder neben den *pastırma*-Scheiben aufschlagen, sodass die Dotter heil bleiben. Die Hitze reduzieren und die Eier zugedeckt stocken lassen.

GETRÄNK: mit Eiswasser verdünnter *rakı*

> **TIPP!**
> Zu dieser rasch zubereiteten kleinen Mahlzeit gehört unbedingt Fladenbrot zum Auftunken des Dotters und der würzigen Butter.

Pochierte Eier in Joghurtsauce
CILBIR

1. Joghurt in eine Schüssel geben. Knoblauch schälen und dazupressen. 1/2 TL Salz zufügen und alles mit dem Schneebesen cremig rühren.

2. Einen großen Topf halb mit Wasser füllen. Essig und 1 TL Salz zugeben. Das Wasser aufkochen, die Hitze reduzieren. Wenn das Wasser nur noch siedet, 1 Ei vorsichtig aufschlagen, unversehrt in eine Suppenkelle gleiten lassen. Die Kelle in das Wasser tauchen, das Ei hineingleiten lassen.

3. Das Ei in 4–5 Min. gar ziehen lassen. Das Eiweiß soll fest sein, das Eigelb noch flüssig. Jeweils 2–3 Eier zugleich garen. Jedes Ei mit einem Sieblöffel aus dem Wasser nehmen, abtropfen lassen und in den Joghurt legen. Öl und Paprika in einem Butterpfännchen verrühren, erhitzen. Über Eier und Joghurt träufeln. Die Salbeiblätter in Streifen schneiden, darüber streuen.

BEILAGE: Fladenbrot oder Baguette

GETRÄNK: Wasser mit frischer Minze

Je kleiner, desto besser – Hausfrauen aus der Region um die Stadt
Kayseri sind Meisterinnen in der Zubereitung der Teigtäschchen.

Teigtäschchen mit Joghurtsauce

MANTI

1. Das Mehl in eine Schüssel sieben. 1 TL Salz, Ei und $^1/_8$ l Wasser untermischen und zu einem Teig verarbeiten. Mit Frischhaltefolie bedeckt 20 Min. ruhen lassen.

2. Für die Füllung das Hackfleisch in eine Schüssel geben. Die Zwiebel schälen und auf der feinen Kartoffelreibe dazureiben. Die Petersilie waschen, die Blättchen trockenschütteln, fein hacken und zufügen. 1 Prise Pfeffer, Paprika und Kreuzkümmel sowie 1 TL Salz überstreuen. Alles gründlich verkneten.

3. Den Teig in 3–4 Stücke teilen. Jedes Stück auf bemehlter Arbeitsfläche sehr dünn ausrollen, in 4 cm große Quadrate schneiden. Auf jedes Quadrat $^1/_2$ TL Hackfleisch setzen. Die vier Ecken jedes Quadrates über dem Fleisch zusammendrücken, ebenso die Ränder, sodass kleine, gut geschlossene Täschchen entstehen.

4. Für die Sauce den gesamten Joghurt in eine Schussel geben. Den Knoblauch schalen und durch die Knoblauchpresse dazudrücken. $^1/_2$ TL Salz aufstreuen und den Joghurt mit dem Schneebesen cremig rühren, kühl stellen.

5. Einen großen Topf mit reichlich Wasser und 1 EL Salz aufkochen. Die Teigtäschchen bei mittlerer Hitze im offenen Topf 4–5 Min. kochen, in einem Sieb gut abtropfen lassen.

6. Die Butter in einem Pfännchen erhitzen und den Paprika hineinrühren. Die Teigtäschchen auf vorgewärmte, tiefe Teller verteilen, auf jede Portion etwas Joghurtsauce und Paprikabutter geben.

GARNIEREN: mit getrockneter Minze

GETRÄNK: *ayran* (Seite 153)

FÜR KÜCHENPROFIS
FÜR GÄSTE
AUS DER STADT KAYSERİ

ZUBEREITUNG: 1 Std.
PRO PORTION CA.: 685 kcal

FÜR 4 PERSONEN:

Für den Teig:

400 g Mehl
Salz | 1 Ei
Mehl zum Verarbeiten

Für die Füllung:

150 g fein durchgedrehtes Lamm- oder Rinderhackfleisch
1 Zwiebel
1 Bund glatte Petersilie
schwarzer Pfeffer, frisch gemahlen
1 TL edelsüßes Paprikapulver
1 gute Msp. gemahlener Kreuzkümmel
Salz

Für die Sauce:

200 g dicker türkischer oder griechischer Joghurt, 6–10 % Fett i. Tr.
175 g löffelfester Joghurt, 3,5 % Fett i. Tr.
2 Knoblauchzehen
Salz

Außerdem:

80 g Butter
1 TL rosenscharfes Paprikapulver

1. Jedes Teigstück auf bemehlter Arbeitsfläche sehr dünn ausrollen.

2. Den Teig in Quadrate von 4 cm Kantenlänge schneiden. Auf jedes eine Portion Hackfüllung setzen.

3. Die Ecken jedes Quadrats über der Füllung zusammendrücken. Auch die Teigkanten zusammendrücken.

ZUBEREITUNG: 45 Min.
PRO STÜCK CA.: 200 kcal

FÜR 8 TASCHEN:

250 g Mehl | Salz
10 g Hefe | 1 Msp. Zucker
Mehl zum Ausrollen

Für die Füllung:

250 g frische aromatische
Pilze, z. B. Steinpilze oder
Pfifferlinge
1 kleine Zwiebel
30 g Butter
1 Ei
Salz | schwarzer Pfeffer, frisch
gemahlen

Außerdem:

2 EL Olivenöl zum Braten
30 g Butter zum Bepinseln

ZUBEREITUNG: 40 Min.
BACKEN: 25 Min.
PRO STÜCK CA.: 395 kcal

FÜR 6 TASCHEN:

Für die Füllung:

1 Bund Frühlingszwiebeln
2 Tomaten
1 hellgrüne Spitzpaprikaschote
1/2 Bund glatte Petersilie
100 g TK-Erbsen
250 g Hähnchenbrustfilets
4 EL Olivenöl
Salz | schwarzer Pfeffer, frisch
gemahlen
1/4 TL gemahlener Koriander
1 TL Weinessig
1 Eigelb | 1 Ei

Außerdem:

6 Scheiben TK-Blätterteig
1 Ei | Mehl zum Verarbeiten

Fladen mit Pilzen aus der Pfanne

MANTARLI EKMEK

1. Das Mehl in eine Schüssel sieben, eine Vertiefung eindrücken. 1/4 TL Salz zugeben. Die Hefe mit dem Zucker in 150 ml lauwarmem Wasser auflösen, in die Mehlmulde gießen. Von der Mitte aus alles zu einem Teig verrühren und zusammenkneten, zugedeckt etwa 20 Min. gehen lassen.

2. Inzwischen für die Füllung die Pilze putzen und in Scheibchen schneiden. Die Zwiebel schälen und klein würfeln. 30 g Butter in einer Pfanne erhitzen, die Zwiebeln darin glasig braten. Die Pilze unterrühren und 1 Min. mitbraten. Das Ei verquirlen, über die Pilze gießen und unter ständigem Rühren so lange braten, bis es fest geworden ist. Mit Salz und Pfeffer herzhaft abschmecken.

3. Die restliche Butter schmelzen und warm halten. Den Teig durchkneten und daraus acht gleich große Kugeln formen

und mit einem Tuch bedecken. Auf einer bemehlten Fläche jede Kugel zu einem Kreis von etwa 24 cm Ø ausrollen. Auf je eine Kreishälfte einen Teil der Pilzmischung geben, die andere Hälfte darüber klappen, flach klopfen und den Rand fest zusammendrücken.

4. Eine beschichtete Pfanne mit Olivenöl einpinseln, erhitzen und nach und nach alle Fladen von beiden Seiten goldgelb braten, danach sofort mit Butter einpinseln und servieren. Bei Tisch rollt man die Fladen zusammen und isst sie aus der Hand.

GETRÄNK: Tee oder *ayran* (Seite 153)

VARIANTEN: Die Fladen können auch mit zerkrümeltem Schafkäse, vermischt mit gehackter Petersilie und gehacktem Dill, oder mit gekochten, zerdrückten Kartoffeln, vermischt mit Ei, Salz, Pfeffer und Kräutern gefüllt werden.

Blätterteigtaschen mit Hähnchen und Gemüse

KARE BÖREĞİ

1. Die Zwiebeln putzen, waschen und in kleine Stücke schneiden. Tomaten kurz überbrühen, häuten und fein würfeln. Die Paprika putzen, waschen, vierteln und in Streifchen schneiden. Petersilie waschen, trockenschütteln und hacken.

2. Die Blätterteigscheiben auf einer bemehlten Arbeitsfläche auftauen lassen. Den Backofen auf 220° vorheizen.

3. Hähnchenbrustfilets in 1,5 cm große Würfel schneiden. Das Öl in der Pfanne gut erhitzen, das Fleisch darin hellbraun anbraten. Mit Salz und Pfeffer bestreuen. Zwiebeln, Tomaten und Paprikaschoten unterrühren und bei Mittelhitze 2 Min. dünsten. Die Erbsen unterrühren und noch 1 Min. weiterdünsten. Alles mit Salz, Pfeffer, Koriander und Essig abschmecken und die Petersilie untermischen. Abkühlen lassen und 1 Eigelb unterrühren.

4. Zwei große Bleche mit Backpapier auslegen. Das Ei trennen. Jede Teigscheibe auf ein Rechteck von 16 x 22 cm ausrollen. Die Ränder mit Eiweiß einpinseln. In die Mitte einen Teil der Füllung legen. Eine Teighälfte darüber klappen, Ränder festdrücken.

5. Die Taschen auf das Blech legen. Das Eigelb mit 1 TL Wasser verrühren. Die Teigtaschen damit einpinseln, mit einer Gabel mehrmals einstechen und im heißen Ofen (Mitte, Umluft 200°) in etwa 25 Min. goldgelb backen. Warm servieren.

GETRÄNK: Tee oder *ayran* (Seite 153)

> **TIPP!**
> Für eine kleine Mahlzeit zu den Teigtaschen einen gemischten Salat vorbereiten.

Teigpastete mit Hackfleisch

KIYMALI BÖREK

FÜR KÜCHENPROFIS
FÜR GÄSTE
AUS MITTELANATOLIEN

ZUBEREITUNG: 1 Std.
RUHEN UND BACKEN:
1 Std. 40 Min.
PRO PORTION CA.: 420 kcal

FÜR 8 PERSONEN:

Für die Füllung:

2 Zwiebeln | 1 große Tomate

1 Bund glatte Petersilie

20 g Butter

450 g Rinderhackfleisch

Salz

1 TL *pulbiber* (Paprikaflocken)

schwarzer Pfeffer, frisch
gemahlen

Außerdem:

6 *yufka*-Teigblätter

150 g Butter | 500 ml Milch

3 Eier

Butter für das Blech

1. Für die Füllung die Zwiebeln schälen und auf der feinen Kartoffelreibe in ein Schüsselchen reiben. Die Tomate waschen, den Stielansatz entfernen und das Fruchtfleisch in ein zweites Schüsselchen reiben. Die Petersilie waschen, trockenschütteln und die Blättchen fein hacken.

2. Die Butter in der Pfanne stark erhitzen. Das Fleisch hineingeben, mit dem Pfannenwender fein zerdrücken und anbraten, bis der Saft verdampft ist. Auf Mittelhitze schalten. Die Zwiebeln zugeben und glasig werden lassen. Die Tomate unterrühren und dünsten, bis der Saft verdampft ist. Alles mit Salz, Paprikaflocken und Pfeffer herzhaft würzen, die Petersilie unterrühren und die Pfanne beiseite stellen.

3. Die *yufka*-Blätter auseinander falten und mit einem feuchten, gut ausgewrungenen Tuch bedecken. 150 g Butter schmelzen, abkühlen lassen und in einer Schüssel mit der Milch und den Eiern verquirlen.

Ein großes Blech mit Butter fetten. Weiterverfahren wie rechts in den Steps gezeigt und beschrieben.

4. Mit dem Rest der Milchmischung die oberste Platte reichlich einpinseln. Das *börek* mit dem feuchten Tuch bedeckt etwa 1 Std. ruhen lassen.

5. Den Backofen auf 180° vorheizen. Das *börek* in 6–7 cm große Quadrate schneiden. Im heißen Ofen (Mitte, Umluft 160°) in 30–40 Min. goldbraun backen.

GETRÄNK: *ayran* oder Tee (Seite 153)

VARIANTE: Für Spinat-*börek* 900 g gewaschenen und geputzten Spinat tropfnass in einem Topf bei starker Hitze zusammenfallen und in einem Sieb abtropfen lassen. Mit 1 gehackten Zwiebel andünsten, salzen und pfeffern. Auf dem *yufka* verteilen, mit 200 g zerkrümeltem Schafkäse, je 1 Bund gehacktem Dill und Petersilie bestreuen und wie beschrieben weiterverfahren.

Die Herstellung der dünnen *yufka*-Teigblätter erfordert viel Kraft und Erfahrung. Die meisten Hausfrauen kaufen die Teigblätter daher nach Bedarf frisch beim *yufkacı*, dem *yufka*-Bäcker.

1. Ein *yufka*-Blatt auf dem Blech ausbreiten und mit der Milchmischung großzügig einpinseln.

2. Die zweite Teigplatte darauf legen und ebenfalls einpinseln, ebenso das dritte *yufka*-Teigblatt.

3. Die Hackfleischfüllung darauf verteilen und die Teigblattränder über die Füllung klappen.

4. Die restlichen *yufka*-Blätter nacheinander auflegen, einpinseln, überstehende Ränder vorsichtig umklappen.

ZUBEREITUNG: 45 Min.
VORBEREITEN UND BACKEN: 1 Std.
PRO PORTION CA.: 450 kcal

FÜR 6 PIZZAS:

Für den Teig:

500 g Mehl
20 g Hefe
150 ml lauwarme Milch
1/4 TL Zucker
1/2 TL Salz
Olivenöl für die Finger und das Blech
Mehl zum Ausrollen

Für den Belag:

4 Frühlingszwiebeln
1 große Fleischtomate
2 milde, lange Peperoni
2 Bund glatte Petersilie
250 g Rinderhackfleisch
2 TL *pulbiber* (Paprikaflocken)
1 TL edelsüßes Paprikapulver
1 Msp. gemahlener Kreuzkümmel
schwarzer Pfeffer, frisch gemahlen
Salz

Außerdem:

Olivenöl zum Beträufeln
2 rote Zwiebeln
1 TL *sumak* (rotes Pulver aus Essigbaumfrüchten)

Eine echte Konkurrentin der italienischen Pizza: pikant gewürzte Teigfladen, *lahmacun,* mit dünner Hackfleisch-Gemüse-Auflage.

Türkische Pizza

LAHMACUN

1. Das Mehl in eine Schüssel sieben und eine Vertiefung eindrücken. Die Hefe in einem Becher mit Milch, Zucker und Salz verrühren, in die Vertiefung gießen, mit etwas Mehl verrühren und zugedeckt an einem warmen Platz gehen lassen, bis sie zu schäumen beginnt.

2. Den Vorteig in der Mehlmulde von der Mitte aus mit Mehl vom Rand verrühren, nach und nach alles Mehl und 300 ml lauwarmes Wasser untermischen. Die Finger mit Öl einreiben und den weichen Teig durchkneten. Zugedeckt 30–45 Min. gehen lassen, bis sich sein Volumen nahezu verdoppelt hat.

3. In der Zwischenzeit für den Belag die Frühlingszwiebeln putzen, waschen und fein hacken. Von der Tomate den Stielansatz entfernen. Die Tomate kurz überbrühen, häuten, halbieren, die Kerne entfernen und das Fruchtfleisch hacken. Die Peperoni waschen, putzen und ebenfalls fein hacken. Die Petersilie waschen und trockenschütteln. Von 1 Bund Petersilie die Blättchen fein hacken. Alles mit dem Hackfleisch, den Gewürzen, 1 gehäuften TL Salz und 3 EL Wasser in einer Schüssel gut verkneten, sodass eine streichfähige Masse entsteht.

4. Den Backofen auf 200° vorheizen. Zwei Backbleche einfetten. Den Hefeteig in sechs Bällchen teilen. Auf bemehlter Arbeitsfläche jedes Bällchen dünn zu einem tellergroßen Fladen ausrollen oder über dem Handrücken rund ausziehen.

5. Nach Möglichkeit je 2 Fladen auf ein Blech legen, mit einer dünnen Fleischschicht bestreichen, mit je 1 TL Öl beträufeln und im heißen Ofen (Mitte, Umluft 180°) 15–20 Min. backen, bis die Ränder zu bräunen beginnen. Nacheinander alle Pizzas backen.

6. Die Zwiebeln schälen und in sehr dünne Ringe schneiden. Die Zwiebeln auf den Fladen verteilen. Die übrige Petersilie grob hacken. Etwas *sumak* über die Pizzas streuen und diese servieren.

GETRÄNK: *ayran* (Seite 153)

TIPP!
Nach Geschmack 1 Zitrone achteln und etwas Zitronensaft auf die Pizza träufeln. Man kann den Fladen auch zusammenrollen und aus der Hand essen.

Als preiswerte Mahlzeiten sehr beliebt: Bulgur und Reis mit oder ohne Gemüse, mit oder ohne Fleisch. In der Zubereitung von Reis hat die türkische Hausfrau allerdings ihre besondere Methode.

Bulgurpilaw mit Fleisch

ETLİ BULGUR PİLAVI

**FÜR GEÜBTE
KLASSIKER
AUS MITTELANATOLIEN**

ZUBEREITUNG: 50 Min.
PRO PORTION CA.: 505 kcal

FÜR 4 PERSONEN:

250 g Lammfleisch aus der Keule

250 g grob geschroteter Bulgur (Weizengrütze)

1 Zwiebel

3 Spitzpaprikaschoten

3 Tomaten

40 g Butter

1 EL Tomatenmark

¾ l Fleisch- oder Gemüsebrühe

Salz

1 TL edelsüßes Paprikapulver

schwarzer Pfeffer, frisch gemahlen

½ TL getrocknete Minze

1. Das Fleisch in 1 cm kleine Würfel schneiden. Den Bulgur in einem Sieb kalt abspülen und abtropfen lassen. Die Zwiebel schälen und klein würfeln. Die Paprikaschoten waschen, halbieren, putzen und in schmale Streifen schneiden. Von den Tomaten die Stielansätze entfernen. Die Tomaten kurz überbrühen, häuten, halbieren, entkernen und klein würfeln.

2. Die Butter in einem Topf stark erhitzen und das Fleisch anbraten, bis es leicht zu bräunen beginnt. Auf Mittelhitze schalten. Die Zwiebeln unterrühren und glasig werden lassen. Paprikaschoten, Tomaten und Bulgur unterrühren und 1 Min. dünsten.

3. Das Tomatenmark in der Brühe auflösen, unter die Zutaten im Topf rühren, aufkochen und alles zugedeckt bei schwacher Hitze 20 Min. garen. Das Gericht mit Salz, Paprika, Pfeffer und Minze würzen und zugedeckt noch 5 Min. ruhen lassen.

GETRÄNK: *ayran* (Seite 153)

> **TIPP!**
> Dazu isst man gerne *tursu*, milchsauer eingelegtes Gemüse (siehe Seite 13).

Reis mit Huhn und Aprikosen

KAYISILI PİLAV

**AUS MALATYA
FÜR GEÜBTE
FÜR GÄSTE**

EINWEICHEN: 3–4 Std.
ZUBEREITUNG: 45 Min.
PRO PORTION CA.: 765 kcal

FÜR 4 PERSONEN:

10–15 Stück (100 g) getrocknete, möglichst ungeschwefelte Aprikosen

400 g Patnareis

4 EL Zitronensaft

Salz

300 g Hähnchenbrustfilets

800 ml Hühnerbrühe

1 Zwiebel

1 Möhre

5 EL Sonnenblumenöl

30 g geschälte Mandeln

Pfeffer, frisch gemahlen

1 Prise gemahlener Piment

1 Stück Zimtstange, 3–4 cm

30 g Butter

1. Die Aprikosen mit lauwarmem Wasser bedeckt 3–4 Std. einweichen, abtropfen lassen und halbieren. Den Reis in eine Schüssel geben, 2 EL Zitronensaft und 1 TL Salz zufügen, mit warmem Wasser bedeckt 20 Min. einweichen.

2. Die Hähnchenbrustfilets kalt abspülen. Die Hühnerbrühe aufkochen, das Fleisch darin bei schwacher Hitze 15 Min. kochen. In der Brühe abkühlen lassen.

3. Die Zwiebel und die Möhre schälen. Zwiebel klein würfeln. Möhre in Stäbchen schneiden. Den Reis in ein Sieb schütten, mit frischem Wasser abspülen und abtropfen lassen. Das Hähnchenbrustfleisch in 3 cm große Würfel schneiden.

4. Das Öl in einem Topf erhitzen. Die Mandeln bei starker Hitze braten, bis sie sich leicht färben. Zwiebeln und Möhren unterrühren und bei Mittelhitze 1 Min. mitbraten. Das Fleisch und den Reis zufügen. Nach 1 Min. die Brühe aufgießen. 1 TL Salz, 1 Msp. Pfeffer, Piment und die Zimtstange dazugeben.

5. Alles aufkochen und zugedeckt bei schwacher Hitze 20–25 Min. kochen, bis der Reis die Flüssigkeit aufgenommen hat. 5 Min. vor Garzeitende die Aprikosen unterheben. Das Gericht abschmecken. Die Butter in Flöckchen darauf verteilen, zugedeckt noch 10 Min. stehen lassen und den Reis auf eine Platte geben.

GARNIEREN: mit Minzeblättchen

GETRÄNK: ein trockener Weißwein aus der Marmarameer-Region

Reis mit Auberginen

PATLICANLI PİLAV

FÜR GEÜBTE
FÜR GÄSTE
AUS DER MITTELMEERREGION

ZUBEREITUNG: 1 Std.
PRO PORTION CA.: 340 kcal

FÜR 4 PERSONEN:

200 g Patnareis | Salz
1 große Aubergine
10 EL Olivenöl zum Braten
1 Zwiebel
1 große Tomate
1 TL Zucker
1 TL Zimtpulver
1 TL gemahlener Piment
$^{1}/_{2}$ TL schwarzer Pfeffer, frisch gemahlen
1 TL getrocknete Minze

1. $^{1}/_{2}$ l Wasser zum Kochen bringen. Den Reis mit 1 TL Salz in eine Schüssel geben und mit dem kochendem Wasser begießen. Stehen lassen, bis sich das Wasser abgekühlt hat. Dann den Reis in einem Sieb mit kaltem Wasser abspülen und abtropfen lassen.

2. Von der Aubergine den Stiel abschneiden. Die Aubergine waschen, abtrocknen und in 1,5 cm große Würfel schneiden. 8 EL Olivenöl in der Pfanne stark erhitzen und die Auberginenwürfel rundum braun braten, auf Küchenpapier entfetten.

3. Die Zwiebel schälen und auf der Kartoffelreibe fein reiben. Die Tomate waschen, den Stielansatz entfernen, ebenfalls auf der Kartoffelreibe reiben.

4. 2 EL Olivenöl in einem Topf mittelstark erhitzen, die Zwiebeln darin glasig braten. Den Reis unterrühren und 1–2 Min. mitbraten. Die Tomate unterrühren und kurz dünsten. Dann die gebratenen Auberginen,

1 TL Salz und den Zucker zufügen. $^{1}/_{4}$ l heißes Wasser dazugießen und bei starker Hitze aufkochen. Auf schwache Hitze umschalten und den Reis 20–25 Min. kochen, bis alles Wasser aufgenommen ist.

5. Den Herd ausschalten. Zimt, Piment, Pfeffer und Minze unterrühren. Den Topf mit gefaltetem Küchentuch bedecken, den Deckel auflegen und den Reis 8–10 Min. stehen und ausdampfen lassen. Nochmals umrühren und in einer vorgewärmten Schüssel servieren.

GETRÄNK: Wasser mit frischer Minze

TIPP!

Das Gericht als eigenständigen Gang oder als Beilage zu gegrilltem Fleisch reichen.

Reis mit Zimt im Teigmantel

TARÇINLI PİLAV

1. Die Pinienkerne in der Pfanne bei guter Hitze ohne Fett unter ständigem Rühren rösten, bis sie beginnen, sich leicht gelb zu färben. Die Sultaninen unterrühren, kurz mitrösten, bis sie leicht glänzen. Die Mischung auf einem Teller abkühlen lassen.

2. Den Reis in einem Sieb kalt abspülen, abtropfen lassen. 40 g Butter in einem Topf schmelzen. 850 ml Wasser und 1 gehäuften TL Salz dazugeben und aufkochen.

3. Reis unterrühren, 5 Min. sprudelnd kochen, dann bei schwacher Hitze zugedeckt etwa 10 Min. weiterkochen, bis die Flüssigkeit aufgenommen ist. Pinienkerne und Sultaninen unterrühren. Zimt und Piment überstreuen und gleichmäßig unter den Reis rühren. Den Reis noch mit etwas Pfeffer abschmecken und den Backofen auf 160° vorheizen.

4. Die übrige Butter schmelzen. Eine Auflaufform mit einem Teil der Butter einpinseln. Das *yufka*-Blatt hineinlegen, die Ränder überhängen lassen. Den Reis einfüllen und glatt streichen. Die Teigränder darüber legen. Die Oberfläche mit der restlichen Butter einpinseln und im heißen Ofen (Mitte, Umluft 140°) in 20 Min. goldbraun backen und – nach Belieben gestürzt – als Beilage servieren.

GETRÄNK: trockener Roséwein, beispielsweise Villa Doluca

VARIANTE: Den Reis als Hauptgericht zubereiten: Dafür 200 g klein gewürfeltes Lamm- oder Hähnchenfleisch oder gewürfelte Lamm- oder Hähnchenleber in Butter braun braten und unter den Reis mischen, bevor er in Teig eingepackt wird. Das Restfett aus der Pfanne über den Reis träufeln.

FÜR GEÜBTE
FÜR GÄSTE
AUS İSTANBUL

ZUBEREITUNG: 50 Min.
BEI 8 PERSONEN
PRO PORTION CA.: 305 kcal

FÜR 6–8 PERSONEN:

2 EL Pinienkerne

60 g Sultaninen

400 g Patnareis

80 g Butter

Salz

2 EL Zimtpulver

1 Msp. gemahlener Piment

schwarzer Pfeffer, frisch gemahlen

1 *yufka*-Teigblatt, möglichst frisch, aus dem türkischen Lebensmittelgeschäft

1 Tortenform mit glattem Boden, 28 cm Ø

Gemüse mit und ohne Fleisch

Hauptsache Gemüse! Als Partner ist Fleisch geschätzt.

»Der Imam fiel in Ohnmacht«, so die Übersetzung des Gerichtenamens *imam bayıldı*, wird immer kalt serviert, entweder als Vorspeise oder – vor allem im Sommer – als leichtes Hauptgericht.

Mit Gemüse gefüllte Auberginen

İMAM BAYILDI

1. Die Auberginen kalt abspülen. Das Grün rund um die Stielansätze und den Stiel selbst dünn abschälen, er bleibt dran. An den Auberginen im Abstand von 2 cm der Länge nach 2 cm breite Streifen abschneiden. Jede Aubergine entlang der Mitte des abgeschälten Streifens etwa 3 cm tief einschneiden, hier wird sie später gefüllt.

2. Zwiebeln schälen und in dünne Ringe schneiden. Von den Tomaten die Stielansätze entfernen, die Tomaten kurz überbrühen, häuten, halbieren, die Kerne entfernen und das Tomatenfleisch würfeln. 1 Bund Petersilie waschen, trockenschütteln, die Blättchen fein hacken. Die Peperoni waschen, halbieren und putzen. Den Knoblauch schälen und in Stifte schneiden.

3. In einer Pfanne 5 EL Olivenöl erhitzen, die Auberginen bei starker Hitze rundum hellbraun anbraten. Nebeneinander in einen breiten Topf legen, und zwar mit den Einschnitten nach oben.

4. 2 EL Öl zum Restöl in der Pfanne gießen und die Zwiebeln bei Mittelhitze glasig braten. Die Tomaten, die Petersilie, je 1 TL Salz und Zucker untermischen, alles leicht abkühlen lassen.

5. Die Aubergineneinschnitte vorsichtig auseinander ziehen und mit der Gemüsemischung füllen. Übriges Gemüse darauf legen. Den Saft aus der Pfanne darüber verteilen. Die Knoblauchstifte zwischen die Füllung stecken.

6. Auf jede Auberginenfüllung 2 Peperonihälften legen. ¹/₄ l Wasser angießen. Die Auberginen zugedeckt 10 Min. bei starker, dann 35 Min. zugedeckt bei schwacher Hitze kochen und im Topf erkalten lassen. Die Auberginen auf einer Platte anrichten, mit der restlichen Petersilie garnieren.

BEILAGE: frisches Fladenbrot oder auch Baguette

GETRÄNK: mit Eiswasser verdünnter *rakı*

FÜR KÜCHENPROFIS
GUT VORZUBEREITEN
AUS DER ÄGÄIS-REGION

ZUBEREITUNG: 50 Min.
PRO PORTION CA.: 245 kcal

FÜR 4 PERSONEN:

4 Auberginen
2 Zwiebeln
2 große Tomaten
1 ¹/₂ Bund glatte Petersilie
4 grüne oder rote, milde oder scharfe Peperoni
4 Knoblauchzehen
7 EL Olivenöl
Salz
1 TL Zucker

1. Das Grün rund um die Stielansätze und den Stiel selbst dünn abschälen; er bleibt dran.

2. An den Auberginen im Abstand von 2 cm der Länge nach 2 cm breite Streifen abschneiden.

3. Jede Aubergine entlang der Mitte eines abgeschälten Streifens etwa 3 cm tief einschneiden, hier wird sie später gefüllt.

Ein schnelles Gericht mit Zucchini und der ebenso rasch zubereitete Blumenkohl, beide ideal als leichte Sommergerichte.

Zucchini mit Hackfleisch

KIYMALI KABAK OTURTMA

FÜR ANFÄNGER
ALLTAGSGERICHT
AUS DER MITTELMEERREGION

ZUBEREITUNG: 30 Min.
PRO PORTION CA.: 275 kcal

FÜR 4 PERSONEN:

5 Zucchini, möglichst mit hell-grüner oder gelber Schale, vom Markt oder aus dem türkischen Lebensmittelladen
2 Zwiebeln
2 Knoblauchzehen
2 Tomaten
4 EL Olivenöl
250 g Rinderhackfleisch
Salz
schwarzer Pfeffer, frisch gemahlen
$1/2$ Bund Dill und Dill zum Garnieren

1. Die Zucchini waschen, Stiel- und Blütenansätze abschneiden. Die Schale der Zucchini mit dem Küchenmesserchen leicht abschaben. Die Zucchini in $1/2$ cm dünne Scheiben schneiden.

2. Die Zwiebeln und den Knoblauch schälen. Die Zwiebeln längs halbieren und in schmale Streifchen schneiden. Den Knoblauch hacken. Von den Tomaten die Stielansätze entfernen. Die Tomaten kurz überbrühen, häuten, entkernen und würfeln. Das Öl in einem Topf mittelstark erhitzen, Zwiebeln und Knoblauch glasig braten. Das Hackfleisch untermischen, fein zerkleinern und 2–3 Min. mitbraten.

3. Die Tomaten unterrühren und alles dünsten, bis die Flüssigkeit verdampft ist. Die Zuchinischeiben unterheben und zugedeckt 2 Min. dünsten. Mit Salz und reichlich Pfeffer würzen. Den Dill hacken und überstreuen. 100 ml heißes Wasser unterrühren und Zucchini in 3–4 Min. fertig garen, sie dürfen nicht zerfallen.

BEILAGE: frisches Fladenbrot

GETRÄNK: *ayran* (Seite 153)

VARIANTE: Das Gericht wird statt mit Dill auch gerne mit frischer Minze zubereitet.

Blumenkohl mit Walnuss-sauce

TARATORLU KARNIBAHAR

FÜR ANFÄNGER
FÜR GÄSTE
AUS İSTANBUL

ZUBEREITUNG: 35 Min.
PRO PORTION CA.: 325 kcal

FÜR 4 PERSONEN:

1 großer, fester Blumenkohl
Salz
5 EL Zitronensaft
100 g Walnusskerne
3 Scheiben trockenes Kastenweißbrot
2 EL Sonnenblumenöl
2 EL Walnussöl
1 Knoblauchzehe

1. Den Blumenkohl in Röschen teilen, waschen und in einen weiten Topf legen. 1 TL Salz und 4 EL Zitronensaft zugeben und so viel Wasser, dass die Röschen nur knapp bedeckt sind. Den Blumenkohl bei schwacher Hitze zugedeckt 10–15 Min. bissfest kochen, in einem Sieb abtropfen lassen und warm halten.

2. Die Walnüsse im Blitzhacker fein zerkleinern und in eine Schüssel geben. Vom Weißbrot die Rinde abschneiden. Das Brot mit wenig Wasser einweichen, dann gut ausdrücken und mit der Gabel fein zerkleinern. Mit dem restlichen Zitronensaft, dem Sonnenblumen- und dem Walnussöl zu den Nüssen geben.

3. Den Knoblauch schälen, durch die Knoblauchpresse drücken und zufügen. Alles verrühren. Langsam so viel lauwarmes Wasser unterrühren, dass eine dickflüssige Sauce entsteht. Mit Salz abschmecken. Den Blumenkohl auf einer Platte anrichten und mit der Sauce beträufeln.

GARNIEREN: mit Petersilienblättchen und Walnusskernhälften

GETRÄNK: ein leichter Weißwein aus der Ägäis-Region

TIPP!

Das Gericht als Gemüsegang, nach Geschmack mit hart gekochten Eiern oder als Beilage zu gekochtem Hähnchen oder zu Hackfleischröllchen servieren.

Ein Klassiker der türkischen Küche und auch als Vorspeise beliebt: mit würzigem Reis gefülltes Gemüse. Es wird kalt serviert.

Gefüllte Paprikaschoten mit Reis und Korinthen

ZEYTİNYAĞLI BİBER DOLMASI

1. Die Paprikaschoten mit einem spitzen Küchenmesser rund um die Stielansätze einschneiden und diese mitsamt den Kernen und Trennwänden auslösen, ausspülen und mit den Öffnungen nach unten abtropfen lassen.

2. Für die Füllung den Reis in einer Schüssel mit kaltem Wasser bedeckt 20 Min. vorquellen, dann in einem Sieb abtropfen lassen. Zwiebel schälen und auf der Kartoffelreibe fein reiben. Dill, Petersilie und Minze waschen und die Blättchen hacken.

3. 4 EL Olivenöl in einem Topf mittelstark erhitzen. Zwiebeln und Pinienkerne anbraten, bis sie sich zart gelb färben. Reis, Salz, Pfeffer, Piment, Zucker und Korinthen unterrühren und braten, bis der Reis glasig wird. Alles knapp mit Wasser bedecken und bei schwacher Hitze 15 Min. kochen. Bei offenem Topf ausdampfen und abkühlen lassen. Dann die Kräuter untermischen.

4. Die Tomaten waschen, die Stielansätze entfernen. Die Tomaten halbieren, entkernen und in so große Quadrate schneiden, dass sich später damit die Schotenöffnungen verschließen lassen.

5. Die Paprikaschoten nicht zu fest mit der Reismischung füllen, in jede Öffnung ein Tomatenquadrat schieben und die Schoten verschließen. Die Schoten dicht nebeneinander in einen Topf mit weitem Boden hineinsetzen oder übereinander in einen kleineren Topf.

6. $^1/_4$ l heißes Wasser mit dem restlichen Öl und $^1/_2$ TL Salz verquirlen und an die Paprikaschoten gießen. Die Schoten mit einem umgedrehten Teller beschweren. Den Deckel aufsetzen.

7. Die Schoten aufkochen und bei schwacher Hitze 30 Min. garen, im Topf erkalten lassen. Die Schoten auf eine Platte setzen, mit den Zitronenachteln zum Beträufeln servieren und mit abgezupften Petersilienblättchen garnieren.

GETRÄNK: ein trockener Weißwein, z. B. Kavaklıdere

VARIANTE: Auf die gleiche Weise feste, ausgehöhlte Tomaten füllen und garen oder je 4 Paprikaschoten und Tomaten gemeinsam, die Paprikaschoten im Topf unten, die Tomaten darüber setzen. Vor dem Füllen bei den Tomaten oben einen Deckel abschneiden.

> **TIPP!**
>
> Zum gefüllten Gemüse kann man etwas Schafkäse anrichten.

FÜR GEÜBTE
WIRD KALT GEGESSEN
AUS DER ÄGÄIS-REGION

ZUBEREITUNG: 45 Min.
GAREN: 40 Min.
PRO PORTION CA.: 360 kcal

FÜR 4 PERSONEN:

8 kleine runde, hellgrüne Paprikaschoten, vom türkischen Gemüsehändler

120 g Rundkorn- oder Patnareis

1 Zwiebel

$^1/_2$ Bund Dill

$^1/_2$ Bund glatte Petersilie

3 Zweige frische oder 1 TL getrocknete Minze

6 EL Olivenöl

30 g Pinienkerne

Salz

schwarzer Pfeffer, frisch gemahlen

1 Msp. gemahlener Piment

$^1/_2$ TL Zucker

50 g winzig kleine Korinthen (kuşüzümü, S. 160)

2 Tomaten

1 unbehandelte Zitrone

3 Zweige glatte Petersilie zum Garnieren

Je nach Vorliebe kann man beide hier vorgestellten Gerichte warm oder kalt als eigenständigen Gang genießen, als Vorspeise servieren oder auf einem Partybuffet anrichten.

FÜR ANFÄNGER
GUT VORZUBEREITEN
AUS DER ÄGÄIS-REGION

ZUBEREITUNG: 45 Min.
PRO PORTION CA.: 235 kcal

FÜR 4 PERSONEN:

1 große oder 2 kleine Sellerieknollen (500 g)

Saft von 1 Zitrone

2–3 zarte Zweige Sellerie-
blätter

2 Zwiebeln

1 Möhre

2 fest kochende Kartoffeln

6 EL Olivenöl

1 gehäufter EL Mehl

$^1/_4$ l frisch gepresster
Orangensaft

1 TL Zucker

1 $^1/_2$ TL Salz

schwarzer Pfeffer, frisch
gemahlen

Sellerie mit Orangensauce
PORTAKAL SOSLU KEREVİZ

1. Die Sellerieknollen schälen, in 1 cm dicke Scheiben, dann in 1 cm breite Streifen und 2–3 cm lange Stücke schneiden, mit kaltem Wasser bedecken, den Zitronensaft untermischen. Die Selleriezweige waschen und mit den Stielen in 3–4 cm lange Stücke schneiden. Zwiebeln schälen, längs achteln und die Lagen einzeln auseinander nehmen.

2. Die Möhre schälen, längs vierteln und in 2–3 cm lange Stäbchen schneiden. Die Kartoffeln schälen, in 1 cm dicke Scheiben und in 2–3 cm lange Stäbchen schneiden.

3. In einem Topf das Olivenöl mittelstark erhitzen. Zuerst die Möhren 2 Min. braten. Dann die Zwiebeln zufügen und braten, bis sie glasig sind. Das Mehl überstreuen, unterrühren und kurz anschwitzen. Den Orangensaft und 100 ml von dem Selleriewasser zugießen und unter Rühren aufkochen lassen.

4. Die Selleriestücke, -stiele und -blätter sowie die Kartoffeln zufügen. Zucker, Salz und reichlich Pfeffer unterrühren und alles bei schwacher Hitze zugedeckt weitere 25 Min. kochen.

5. Gemüse im Topf erkalten lassen, mit einem Sieblöffel auf eine Platte geben und mit der Sauce begießen.

GARNIEREN: mit Dillfähnchen

GETRÄNK: leichter Weißwein, beispielsweise ein Moscado

FÜR GEÜBTE
FÜR GÄSTE
AUS AYVALIK

ZUBEREITUNG: 50 Min.
PRO PORTION CA.: 225 kcal

FÜR 4 PERSONEN:

2 Zitronen

1 EL Mehl

4 große runde Artischocken

100 g Schalotten oder kleine
Zwiebeln

1 große Möhre

2 Stängel Staudensellerie

Salz

1 TL Zucker

6 EL Olivenöl

schwarzer Pfeffer, frisch
gemahlen

1 Bund Dill

50 g TK-Erbsen

Artischocken mit Gemüse
ZEYTİNYAĞLI ENGİNAR

1. 1 Zitrone halbieren. Die andere auspressen und den Saft in einen weiten Topf gießen. $^1/_2$ l Wasser zufügen, das Mehl mit dem Schneebesen unterrühren. Die Artischocken gründlich waschen. Die Blätter bis auf $^1/_2$ cm über dem Boden abschneiden, das Heu mit einem Teelöffel auskratzen und ausspülen. Die Artischockenstiele bis auf 2–3 cm kürzen, dünn abschälen. Die Böden sofort mit den Zitronenhälften einreiben, damit sie nicht braun werden.

2. Die Böden mit den Stielen nach oben in das vorbereitete Wasser legen. Die Schalotten oder Zwiebeln schälen, größere Stücke halbieren. Die Möhre schälen, klein würfeln. Die Selleriestängel putzen, waschen und in Scheibchen schneiden. Das Gemüse auf den Artischocken verteilen.

3. 1 TL Salz, Zucker und das Olivenöl verquirlen und über das Gemüse gießen, mit etwas Pfeffer bestreuen. Das Gericht bei mittlerer Hitze zugedeckt 20 Min. kochen. Den Dill waschen, trockenschütteln, von $^1/_2$ Bund die Blättchen abzupfen. Die Erbsen in einem Sieb abspülen. Den Dill und die Erbsen auf dem Gemüse verteilen und alles in 10 Min. fertig garen.

4. Das Gemüse im Topf kalt werden lassen. Auf jeden Teller 1 Artischocke stellen, und zwar mit dem Stiel nach oben. Das Gemüse und etwas Sud darauf verteilen, mit dem restlichen Dill garniert servieren.

GETRÄNK: trockener Weißwein, z. B. ein Villa Doluca

Für die Zubereitung von Auberginen kennt man in der Türkei eine Fülle von Rezepten – dieses zählt mit zu den feinsten.

Auberginenröllchen mit Hackfleischfüllung

KIYMALI PATLICAN SARMASI

1. Die Auberginen waschen, die Stielansätze entfernen. Die Auberginen längs in 1 cm dicke Scheiben schneiden. Reichlich leicht gesalzenes Wasser mit Zitronensaft aufkochen und die Auberginenscheiben darin 1 Min. blanchieren, auf Küchenpapier abtropfen lassen. Die Endscheiben mit Schale auf der einen Seite klein würfeln.

2. Die Zwiebeln schälen und klein würfeln. Von den Tomaten die Stielansätze entfernen, die Tomaten kurz überbrühen, häuten, entkernen und klein würfeln. 3 EL Olivenöl in einer Pfanne erhitzen, die Auberginenwürfel rundum hellbraun braten und herausnehmen.

3. Das restliche Öl in die Pfanne gießen, das Hackfleisch hineingeben, fein zerdrücken und anbraten. Die Zwiebeln unterrühren und mitbraten, bis sie glasig sind. Tomaten und Tomatenmark unterrühren und alles bei schwacher Hitze 1 Min. dünsten. Dann die Auberginenwürfel zufügen.

4. Das Hackfleisch mit Salz, Pfeffer und Zimt abschmecken. Petersilie waschen, trockenschütteln, die Blättchen hacken und untermischen. Auf ein Ende jedes Auberginenstreifens 1 gehäuften TL Hackfleischmasse geben. Die Scheiben einrollen und mit Holzspießchen feststecken. Die Röllchen nebeneinander in eine Auflaufform legen und mit Öl einpinseln. Den Backofen auf 180° vorheizen.

5. Die Peperoni waschen, längs halbieren, putzen und in Stücke schneiden, auf den Auberginen verteilen. 1/4 l heißes Wasser mit 1/2 TL Salz verquirlen und an die Auberginenröllchen gießen, im heißen Ofen (Mitte, Umluft 160°) 30 Min. offen backen und in der Form servieren.

BEILAGE: Fladenbrot oder Baguette

GETRÄNK: vollmundiger Rotwein, z. B. ein Villa Neva aus der Ägäis-Region

FÜR GEÜBTE
FÜR GÄSTE
AUS İSTANBUL

ZUBEREITUNG: 30 Min.
BACKEN: 30 Min.
PRO PORTION CA.: 360 kcal

FÜR 4 PERSONEN:

4 dicke Auberginen

Salz

2 EL Zitronensaft

2 Zwiebeln

300 g Tomaten

5 EL Olivenöl

250 g Rinderhackfleisch

1 EL Tomatenmark

schwarzer Pfeffer, frisch gemahlen

1/2 TL Zimtpulver

1 Bund glatte Petersilie

Öl zum Einpinseln der Röllchen

2 milde oder scharfe, grüne oder rote Peperoni

Außerdem:

Holzspießchen zum Feststecken

1. Die Auberginenscheiben 1 Min. blanchieren, aus dem Wasser heben und auf Küchenpapier abtropfen lassen.

2. Auf ein Ende jedes Auberginenstreifens 1 gehäuften TL Hackfleischmasse geben. Die Scheiben einrollen und mit Holzspießchen feststecken.

3. Die Röllchen nebeneinander in eine Auflaufform legen und mit Öl einpinseln.

Kochen Sie davon am besten gleich die doppelte Portion.
Denn aufgewärmt schmecken die Kichererbsen besonders gut.

Kichererbsen mit Pastirma

PASTIRMALI NOHUT

FÜR ANFÄNGER
GUT VORZUBEREITEN
AUS MITTELANATOLIEN

EINWEICHEN: 12 Std.
ZUBEREITUNG: 2 Std.
PRO PORTION CA.: 445 kcal

FÜR 4 PERSONEN:

250 g getrocknete Kicher-
erbsen

2 Zwiebeln

2 Knoblauchzehen

2 hellgrüne Spitzpaprika-
schoten

1 große Dose geschälte
Tomaten (850 g Inhalt)

1 EL Tomatenmark

100 g *pastırma*-Scheiben
(S. 161; ersatzweise 200 g
parmak sucuk, scharfe türkische Knoblauchwurst)

4 EL Olivenöl

1/2 Bund glatte Petersilie

Salz | Pfeffer, frisch gemahlen

1. Die Kichererbsen mit reichlich kaltem Wasser bedeckt über Nacht einweichen. Am nächsten Tag in ein Sieb gießen, kalt abspülen und abtropfen lassen.

2. Die Kichererbsen in einen Topf geben. So viel kaltes Wasser zugießen, dass es 5–6 cm hoch über den Erbsen steht. Die Erbsen offen aufkochen, abschäumen, bei Mittelhitze 20 Min. offen weiterkochen. Dann zugedeckt 1 1/2 Std. garen.

3. In der Zwischenzeit die Zwiebeln schälen und klein würfeln. Den Knoblauch schälen, auf ein Brett legen und mit der breiten Klinge eines großen Messers anquetschen (siehe Seite 17). Die Paprikaschoten waschen, halbieren, putzen und in breite Streifen schneiden. Die Tomaten in ein Sieb gießen, den Saft auffangen. Die Tomaten durchhacken und zum Saft geben, das Tomatenmark unterrühren.

4. Die *pastırma*-Scheiben in mittelgroße Stücke reißen. Wem die Kruste zu würzig ist, der entfernt sie zum Teil. Das Olivenöl in einem großen Topf erhitzen. Zwiebeln, Knoblauch und Paprikastreifen 1 Min. unter Rühren anbraten. *Pastırma* unterrühren und 1/2 Min. mitbraten. Tomaten und Saft zufügen und alles 10 Min. bei schwacher Hitze kochen.

5. Die Kichererbsen mit dem Sieblöffel aus dem Sud heben und unter die Tomatenmischung rühren. So viel Erbsenkochwasser zugießen, dass alles gut bedeckt ist, noch 15 Min. schwach kochen lassen. Die Petersilie waschen, trockenschütteln, die Blättchen hacken und unterrühren. Den Eintopf mit Salz und Pfeffer abschmecken und heiß servieren.

BEILAGE: Traditionell werden die Hülsenfrüchte mit einfach gekochtem Reis und mit *turşu,* milchsauer eingelegtem Gemüse (siehe Seite 13), serviert.

VARIANTE: Auch mit getrockneten, eingeweichten und gekochten weißen Bohnen schmeckt das Gericht ganz vorzüglich. Die Kochzeit der Bohnen beträgt etwa 1 Std.

TIPP!

Wer statt *pastırma* Knoblauchwurst verwendet oder beides zusammen, pellt die Wurst, schneidet sie in Scheiben, halbiert sie und gibt sie 15 Min. vor Ende der Garzeit in den Eintopf.

Zu jeder Jahreszeit sind die Wochenmärkte reich bestückt mit frischem Gemüse und immer eine Augenweide.

ZUBEREITUNG: 30 Min.
GAREN: 40 Min.
PRO PORTION CA.: 340 kcal

FÜR 4 PERSONEN:

1 kg frische Buschbohnen

1 Zwiebel

3 Tomaten

2 milde oder scharfe Peperoni

300 g Lammfleisch (oder Kalbfleisch) aus der Keule oder Schulter

4 EL Olivenöl

Salz

$^1/_2$ TL Zucker

schwarzer Pfeffer, frisch gemahlen

1 Prise gemahlener Piment

1 TL Tomatenmark

1 EL gehackte Petersilie

Grüne Bohnen mit Lammfleisch

ETLİ TAZE FASULYE

1. Die Bohnen waschen, putzen und in 3 cm lange Stücke schneiden. Die Zwiebel schälen und würfeln. Die Tomaten waschen, die Stielansätze entfernen und die Tomaten auf der feinen Kartoffelreibe in eine Schüssel reiben. Die Peperoni waschen, längs halbieren, putzen und in Stücke schneiden.

2. Das Fleisch waschen, mit Küchenpapier abtrocknen, überschüssiges Fett entfernen. Das Fleisch in 1,5 cm gleich große Würfel schneiden. Das Öl in einem Topf gut erhitzen. Fleisch und Zwiebeln anbraten, bis der Saft verdampft ist. Auf mittlere Hitze schalten. Tomaten, Paprika und Bohnen unterrühren. Salz, Zucker, Pfeffer und den Piment überstreuen.

3. Das Tomatenmark in $^1/_4$ l heißem Wasser verrühren und über die Bohnen gießen. Diese zugedeckt bei schwacher Hitze 30–40 Min. kochen, abschmecken und heiß servieren. Vorher die Petersilie über das Gericht streuen.

BEILAGE: frisch aufgebackenes Fladenbrot

GETRÄNK: *ayran* (Seite 153)

TIPP!

Wer es gerne scharf mag, verrührt kurz vor Garzeitende 1 TL scharfe Paprikapaste, *acı biber salçası,* in 3–4 EL heißem Wasser und rührt die Mischung unter die Bohnen.

Artischocken mit Zwiebeln und Fleisch

ENGİNAR YAHNİSİ

1. Von den Artischocken die äußeren harten Blätter großzügig abzupfen. Von den übrigen Blättern die Spitzen bis zu den fleischigen Ansätzen abschneiden. Das Heu im Inneren mit einen Teelöffel auskratzen. Die Stiele abschneiden.

2. Die Artischocken waschen und in einen Topf legen. 4 EL Zitronensaft darüber gießen und so viel Wasser, dass sie bedeckt sind. Die Artischocken zugedeckt 15–20 Min. kochen und im Topf abkühlen lassen.

3. Inzwischen das Fleisch in kleine Würfel schneiden. Die Zwiebeln oder Schalotten schälen, große Exemplare halbieren. Die Artischocken aus dem Wasser nehmen und vierteln. Das Wasser aufheben.

4. Die Butter in einem Topf stark erhitzen und das Fleisch anbraten, bis der Saft verdampft ist, auf Mittelhitze schalten. Schalotten oder Zwiebeln unterrühren und glasig werden lassen. Die Artischocken zufügen. Alles mit 1 TL Salz bestreuen und so viel Artischockenkochwasser zugeben, dass alles bedeckt ist. Das Gericht 15 Min. bei schwacher Hitze zugedeckt kochen.

5. Das Mehl in einer Tasse mit 4–5 EL Artischockenkochwasser glatt rühren, unter das Gericht mischen und noch 5 Min. kochen. Mit Salz und Zitronensaft abschmecken. Heiß oder warm servieren.

GARNIEREN: mit Dillfähnchen

BEILAGE: frisch aufgebackenes Baguette

GETRÄNK: kühler Weißwein aus der Marmarameer-Region

FÜR GEÜBTE
FÜR GÄSTE
AUS DER ÄGÄIS-REGION

ZUBEREITUNG: 45 Min.
PRO PORTION CA.: 270 kcal

FÜR 4 PERSONEN:

6 Artischocken
5 EL Zitronensaft
400 g Kalbfleisch aus der Keule
200 g kleine Zwiebeln oder Schalotten
60 g Butter
Salz
$^{1}/_{2}$ EL Mehl

Mit Hackfleisch gefüllte Weinblätter

ETLİ YAPRAK DOLMASI

1. Die Weinblätter, falls sie sehr salzig sind, auseinander falten, 30 Min. in eine Schüssel mit kaltem Wasser legen, sodass sie Salz abgeben. In einem großen Sieb auslegen und abtropfen lassen. Dann auf Küchenpapier legen und trockentupfen.

2. Die Zwiebeln schälen und sehr klein würfeln. Tomate waschen, den Stielansatz keilförmig herausschneiden und die Tomate auf der feinen Kartoffelreibe in einen tiefen Teller reiben. Den Reis in einem Sieb kalt abspülen und abtropfen lassen. Die Kräuter waschen, trockenschütteln und die Blättchen hacken.

3. 40 g Butter in einem Topf mittelstark erhitzen, Zwiebeln und Hackfleisch unterrühren, dabei das Fleisch fein zerdrücken und braten, bis der Saft verdampft ist. Die Tomate und den Reis unterrühren und 1–2 Min. mitdünsten. 100 ml Wasser zugießen und alles zugedeckt bei schwacher Hitze 10 Min. vorgaren.

4. Die Hackfleischmischung mit Salz, Pfeffer und Piment abschmecken und die Kräuter unterrühren. In einem weiten Topf den Boden mit 3–4 eingerissenen Weinblättern auslegen. Von den übrigen

Blättern die Stiele nach Belieben abschneiden. Weinblätter, mit der Rückseite nach oben, auf die Arbeitsfläche legen.

5. Auf jedes Weinblatt am Stielansatz 1 gehäuften TL Füllung geben, länglich formen, beide Blattseiten darüber klappen und bis zur Spitze wie Zigarren aufrollen. Die Röllchen dicht nebeneinander auf den Topfboden legen, mit den Öffnungen nach unten. Mit Butterflöckchen belegen, mit einem umgedrehten Teller beschweren und so viel Wasser angießen, dass die Röllchen bedeckt sind. Zugedeckt bei schwacher Hitze 40 Min. garen.

6. Knoblauch schälen, durch die Knoblauchpresse in ein Schüsselchen drücken, den Joghurt unterrühren. Heiße Weinblattröllchen auf Teller verteilen, dazu als Sauce 1–2 EL kalten Joghurt geben.

GETRÄNK: Rotwein, z. B. ein Yakut

VARIANTE: Mit der gleichen Mischung können blanchierte Weißkohl- oder Mangoldblätter oder kleine, runde Paprikaschoten oder Tomaten gefüllt und mit Joghurt (wahlweise mit oder ohne Knoblauch) gegessen werden.

FÜR GEÜBTE
FÜR GÄSTE
AUS DER MITTELMEERREGION

ZUBEREITUNG: 1 Std.
GAREN: 40 Min.
PRO PORTION CA.: 520 kcal

FÜR 4 PERSONEN:

300 g eingelegte Weinblätter (trocken in Salz oder in Lake eingelegt)

2 Zwiebeln

1 Tomate

80 g Rundkorn- oder Patnareis

3 Zweige frische oder
1 TL getrocknete Minze

1/2 Bund Dill

1 Bund glatte Petersilie

80 g Butter

400 g Rinderhackfleisch

Salz

schwarzer Pfeffer, frisch gemahlen

1 Msp. gemahlener Piment

1 große Knoblauchzehe

350 g löffelfester Joghurt

1. Die Weinblätter, mit der Rückseite nach oben, auf die Arbeitsfläche legen.

2. Auf jedes Weinblatt am Stielansatz 1 gehäuften TL Füllung geben, länglich formen, beide Blattseiten darüber klappen.

3. Die Weinblätter von der Stielseite bis zur Spitze wie Zigarren aufrollen.

Fisch und Meeresfrüchte

Spezialitäten aus den drei umgebenden Meeren

Seezunge in Folie gegart

DILBALIĞI KAĞITTA

ZUBEREITUNG: 30 Min.
GAREN: 30 Min.
PRO PORTION CA.: 285 kcal

FÜR 4 PERSONEN:

- 4 große Seezungenfilets
- 1 Bund Frühlingszwiebeln
- 4 Tomaten
- 2 Kartoffeln
- je 4 Zweige glatte Petersilie, Dill und Thymian
- 4 quadratische Blätter Alufolie, ca. 30 x 30 cm
- Olivenöl zum Einpinseln und Beträufeln
- Salz
- 4 Lorbeerblätter
- schwarzer Pfeffer, frisch gemahlen
- je 1 Prise gemahlener Koriander und Kardamom
- 2 unbehandelte Zitronen

1. Die Seezungenfilets kalt abspülen, mit Küchenpapier trockentupfen und einmal quer halbieren. Frühlingszwiebeln putzen, waschen, längs halbieren und in kleine Stücke schneiden. Die Stielansätze der Tomaten entfernen. Die Tomaten kurz überbrühen, häuten, halbieren, entkernen und in Scheiben schneiden. Kartoffeln schälen und in hauchdünne Scheibchen schneiden. Alle Kräuter waschen und trockenschütteln.

2. Den Backofen auf 220° vorheizen. Die Folienblätter mit Öl einpinseln, mit Tomaten und Kartoffeln belegen wie rechts in Step 1 beschrieben. Zwei halbe Seezungenfilets darauf betten, mit Salz, Pfeffer, Koriander und Kardamom bestreuen. Die Zitronen waschen, in dünne Scheiben schneiden, auf jede Portion 2 Scheiben legen. Obenauf die Kräuter und je 1 Lorbeerblatt legen. Jede Portion mit 1 EL Olivenöl beträufeln.

3. Die Alublätter zu Päckchen falten und die Portionen so dicht verschließen wie bei den Stepfotos 3 und 4 auf der rechten Seite beschrieben.

4. Die Päckchen auf ein großes Blech legen und den Fisch im heißen Ofen (Mitte, Umluft 200°) 30 Min. garen. Die Fischpäckchen auf die Teller legen und die Folie bei Tisch von der Mitte her auseinander ziehen.

BEILAGE: frisch aufgebackene Fladenbrotstreifen

GETRÄNK: trockener, fruchtiger Weißwein, z. B. ein Muskat aus der Ägäis-Region

Im Toaster oder in der Pfanne sind die Fladenbrot-streifen zur Seezunge ohne großen Aufwand schnell geröstet.

1. Auf jedes Alublatt ein Bett aus abwechselnd Kartoffel- und Tomatenscheiben legen, mit Salz bestreuen. Darauf 2 Fischstücke legen.

2. Jede Fischportion mit Zitronenscheiben und Kräutern belegen, dann mit 1 EL Olivenöl beträufeln.

3. Zwei gegenüberliegende Folienseiten über den Fisch schlagen – die Folie soll reichlich überlappen.

4. Auch die Seiten der Folie zusammenfalten und nach innen schlagen, damit kein Saft auslaufen kann.

FÜR ANFÄNGER
FÜR GÄSTE
AUS İSTANBUL

ZUBEREITUNG: 30 Min.
PRO PORTION CA.: 470 kcal

FÜR 4 PERSONEN:

1 küchenfertiger Bonito
(geschuppt, ausgenommen,
Kopf entfernt) von ca. 1 kg
oder 2 kleinere Fische
(ersatzweise Makrelen)

Saft von 1 Zitrone

Salz | schwarzer Pfeffer, frisch
gemahlen

100 g Mehl

1/4 l Olivenöl zum Ausbacken

2 rote Zwiebeln

1 Bund glatte Petersilie

1 Bund Rucola

1 unbehandelte Zitrone

1 große Tomate

Gebratener Bonito

PALAMUT TAVA

1. Den Fisch außen und innen kalt abspülen, mit Küchenpapier außen und innen gut trockentupfen. Den Fisch in 1,5–2 cm dicke Scheiben schneiden, mit Zitronensaft beträufeln und zugedeckt 30 Min. in den Kühlschrank stellen.

2. Fischscheiben mit Küchenpapier leicht abtupfen, von beiden Seiten mit Salz und Pfeffer bestreuen. In einer tiefen Pfanne das Olivenöl erhitzen, bis an einem hineingehaltenen Holzspieß oder Holzkochlöffelstiel Bläschen aufsteigen.

3. Das Mehl in einen tiefen Teller schütten, die Fischscheiben darin wenden, das überschüssige Mehl abschütteln und die Scheiben von beiden Seiten goldgelb frittieren, auf Küchenpapier entfetten.

4. Die Zwiebeln schälen und in dünne Ringe schneiden. Die Petersilie und die Rucola waschen, trockenschütteln und Stiele abschneiden. Die Zitrone und die Tomate waschen. Die Zitrone in dünne Scheiben schneiden. Von der Tomate den Stielansatz herausschneiden und die Tomate achteln.

5. Die Fischscheiben auf eine Platte legen, rundum mit Zwiebelringen, Petersilien- und Rucolablättern, mit Zitronenscheiben und Tomatenachteln garnieren.

GETRÄNK: mit Eiswasser verdünnter *rakı*

VARIANTE: Zum Fisch eine Walnusssauce nach dem Rezept auf Seite 36 vorbereiten. Auf die gleiche Art werden in den Fischrestaurants am Bosporus auch sehr gerne Scheiben vom Steinbutt zubereitet.

FÜR ANFÄNGER
FÜR GÄSTE
VON DER MITTELMEERKÜSTE

ZUBEREITUNG: 45 Min.
MARINIEREN: 30 Min.
PRO PORTION CA.: 330 kcal

FÜR 4 PERSONEN:

Für die Marinade:

1 Zwiebel

2 Knoblauchzehen

3 EL Zitronensaft

4 EL Olivenöl

1/2 TL schwarzer Pfeffer, frisch
gemahlen

2 Lorbeerblätter

Für die Spieße:

800 g Schwertfischfilet in 3 cm
dicken Scheiben

8 Kirschtomaten

2 milde oder scharfe, grüne
oder rote Peperoni

1 unbehandelte Zitrone

8 Lorbeerblätter

4 Fleischspieße zum
Aufstecken

Schwertfischspieße

KILIÇ ŞİŞ

1. Für die Marinade die Zwiebel schälen und auf der feinen Kartoffelreibe in eine Schüssel reiben. Den Knoblauch schälen und dazupressen. Zitronensaft, Olivenöl und Pfeffer unterrühren. Die Lorbeerblätter in Stückchen brechen und zur Marinade geben.

2. Fischscheiben kalt abspülen, mit Küchenpapier trockentupfen und eventuell anhängende Haut entfernen. Die Scheiben in 3 cm große Würfel schneiden, in der Marinade wenden und zugedeckt mindestens 30 Min. darin ziehen lassen.

3. Die Kirschtomaten waschen, abtrocknen und halbieren. Die 2 Peperoni waschen, putzen und mit den Kernen in etwa 3 cm lange Stücke schneiden. Die Zitrone waschen, in dünne Scheiben schneiden und diese halbieren.

4. Die Fischwürfel leicht abtropfen lassen. Die Spieße mit etwas Marinade einreiben. Abwechselnd Fischwürfel, Tomatenhälften, Peperonistücke, Lorbeerblätter und Zitronenscheiben auf die Spieße stecken. Auf dem heißen Holzkohlen- oder dem Elektrogrill unter öfterem Umdrehen etwa 20 Min. grillen. Dabei immer wieder mit der Marinade einpinseln, damit der Fisch nicht trocken wird. Die Spieße am besten heiß servieren.

BEILAGE: Romanasalat mit Rucola, nach Geschmack auch kleine gekochte, in Olivenöl knusprig gebratene Kartoffeln

GETRÄNK: *rakı* mit Eiswasser oder trockener Weißwein

ZUBEREITUNG: 20 Min.
BACKEN: 30 Min.
PRO PORTION CA.: 315 kcal

FÜR 4 PERSONEN:

2 größere küchenfertige Brassen (geschuppt und ausgenommen), insgesamt ca. 1 kg

Salz | schwarzer Pfeffer, frisch gemahlen

1 Bund glatte Petersilie

20 g Butter für die Form

4 Lorbeerblätter

3 Tomaten

1 1/2 unbehandelte Zitronen

4 EL Olivenöl

Brassen aus dem Ofen

SİNAGRİT BUĞULAMASI

1. Die Fische außen und innen kalt abspülen und mit Küchenpapier abtrocknen. An den dicken Seiten jeweils zweimal einschneiden. Innen und außen leicht mit Salz und Pfeffer bestreuen. Die Petersilie waschen, trockenschütteln und in jeden Bauch 1 Petersilienzweig legen. Die übrige Petersilie hacken.

2. Eine große ofenfeste Form mit Butter einpinseln und die Fische entgegengesetzt hineinlegen. Dabei zwischen die Brassen je 1 Lorbeerblatt legen. Von den Tomaten die Stielansätze entfernen. Die Tomaten kurz überbrühen, häuten und in Scheiben schneiden. Die Zitronen waschen und dann in dünne Scheiben schneiden.

3. Den Backofen auf 220° vorheizen. Eine Reihe Tomaten und Zitronenscheiben abwechselnd auf die Fische legen. Die Fische mit der restlichen Petersilie bestreuen und das Olivenöl darüber träufeln. Die Form mit Alufolie verschließen und die Fische im heißen Backofen (Mitte, Umluft 200°) 20 Min. garen. Die Hitze auf 180° (Umluft 160°) herunterschalten, die Folie entfernen und die Fische in 10 Min. fertig garen.

GETRÄNK: mit Eiswasser verdünnter *rakı*

VARIANTE: Nach Geschmack am Formrand geschälte, in Achtel geschnittene Kartoffeln mitgaren.

ZUBEREITUNG: 45 Min.
MARINIEREN: 1 Std.
PRO PORTION CA.: 370 kcal

FÜR 4 PERSONEN:

Für die Sauce:

1/2 Bund (oder Schälchen) Rucola

1/2 Bund Frühlingszwiebeln

200 g dicker türkischer oder griechischer Joghurt, 6–10 % Fett i. Tr.

175 g löffelfester Joghurt, 3,5 % Fett i. Tr.

1 EL Weißweinessig

Salz

Für die Fische:

8 küchenfertige Rotbarben (geschuppt und ausgenommen)

5 EL Olivenöl

Saft von 1 Zitrone

Salz | schwarzer Pfeffer, frisch gemahlen

2 Knoblauchzehen

1 unbehandelte Zitrone

Petersilienblättchen zum Garnieren

Rotbarben mit Rucola-Joghurt-Sauce

BARBUNYA IZGARASI

1. Für die Sauce Rucola waschen, das Wasser gründlich abschütteln oder die Rucola in der Salatschleuder trockenschleudern. Die Stielenden abschneiden. Die Blätter mit den zarteren Stielen grob hacken und in eine Schüssel geben. Zwiebeln putzen, waschen und in dünne Ringe schneiden, zur Rucola geben. Den gesamten Joghurt, Essig und 1 TL Salz zufügen und alles cremig rühren. Abschmecken und in den Kühlschrank stellen.

2. Die Fische außen und innen kalt abspülen, mit Küchenpapier abtrocknen. Olivenöl mit Zitronensaft, 1 gehäuften TL Salz und reichlich Pfeffer verrühren. Knoblauch schälen, durch die Knoblauchpresse drücken und zufügen. Die Fische darin wenden und zugedeckt im Kühlschrank 1 Std. marinieren.

3. Die Zitrone waschen und in Achtel schneiden. Den Holzkohlen- oder Elektrogrill anheizen. Die Fische abtropfen lassen und auf dem Grill von jeder Seite – je nach Dicke der Fische – 5–6 Min. grillen. Die Fische auf eine Platte legen, mit Petersilie und Zitronenachteln garnieren und mit der Sauce servieren.

GETRÄNK: fruchtiger, trockener Weißwein, z. B. ein Efsane von Kavaklıdere

VARIANTE: Die gegrillten Fische können auch ohne die Sauce, aber mit knackigfrischen Rucolablättern, saftigen, geschälten, geviertelten roten Zwiebeln und den Tomatenachteln angerichtet werden.

Das Originalrezept wird mit Sardellen, auf Türkisch *hamsi*, zubereitet, den Lieblingsfischen der Küstenbewohner vom Schwarzen Meer. Sie werden bei uns allerdings nur selten frisch angeboten. Gelegentlich im türkischen Lebensmittelladen danach fragen.

Gefüllte Sardinen aus der Pfanne

HAMSİ DOLMASI

1. Die Fische schuppen und abspülen. Jeden Fisch am Bauch aufschneiden und ausnehmen. Vom Schwanz her vorsichtig das Rückgrat heraustrennen und mit dem Kopf entfernen. Die Fische dürfen sich nicht in zwei Hälften teilen.

2. Die Fische nochmals abspülen, auseinander klappen und mit den silbrigen Rücken nach unten auf Küchenpapier auslegen. Die Innenseiten abtupfen und mit Zitronensaft beträufeln. Die Zwiebeln schälen, vierteln und in feine Streifchen schneiden.

3. Die Paprikaschoten waschen, vierteln, putzen und in dünne Streifchen schneiden. Die Fische mit Salz und Pfeffer bestreuen. Auf jeden zweiten Fisch je 2–3 Streifchen Zwiebel und Paprikaschote legen und mit einem zweiten Fisch bedecken.

4. Das Maismehl auf einem flachen Teller ausbreiten. Das Ei in einem tiefen Teller verquirlen. Reichlich Öl in einer Pfanne gut erhitzen. Die Fische zuerst in Maismehl, dann in Ei wenden und von beiden Seiten in Öl goldgelb braten. Auf Küchenpapier entfetten.

GARNIEREN: Die Fische auf einem Teller mit Zwiebelringen, Zitronenscheiben und Petersilien- oder Rucolablättern anrichten.

GETRÄNK: mit Eiswasser verdünnter *rakı* oder ein kühles Bier, vielleicht ein türkisches Efes Pilsen

TIPP!

Die Sardinen vor dem Servieren nach Belieben mit einer Prise Chilipulver und etwas gemahlenem Kreuzkümmel würzen.

FÜR GEÜBTE
FÜR GÄSTE
VON DER SCHWARZMEERKÜSTE

ZUBEREITUNG: 50 Min.
PRO PORTION CA.: 310 kcal

FÜR 4 PERSONEN:
500 g kleine Sardinen
Saft von 1/2 Zitrone
1 Zwiebel
1 hellgrüne Spitzpaprikaschote
Salz | Pfeffer, frisch gemahlen
100 g Maismehl
1 Ei
150 ml Sonnenblumenöl zum Ausbacken

1. Fische am Schwanz halten und die Schuppen mit einem Messerrücken in Kopfrichtung arbeitend abschaben.

2. Die Fische der Länge nach an der Bauchseite aufschneiden, ausnehmen und kalt ausspülen.

3. Fische auseinander klappen, vom Schwanz her das Rückgrat heraustrennen, den Kopf abschneiden.

FÜR GEÜBTE
HERZHAFT
AUS DER MITTELMEERREGION

ZUBEREITUNG: 25 Min.
BACKEN: 25 Min.
PRO PORTION CA.: 325 kcal

FÜR 4 PERSONEN:

2 küchenfertige Meerbarsche
(geschuppt und ausgenom-
men), insgesamt ca. 1 kg
Salz
Saft von 1 Zitrone
2 Zwiebeln
2 Knoblauchzehen
500 g Tomaten
1 Bund glatte Petersilie
6 EL Olivenöl
$^1/_2$ TL Zucker
schwarzer Pfeffer, frisch
gemahlen
Öl für die Form
2 Lorbeerblätter

Gedünsteter Meerbarsch

LEVREK BUĞULAMASI

1. Die Fische außen und innen kalt abspülen und mit Küchenpapier trockentupfen.
An den dicken Stellen auf jeder Fischseite
zweimal schräg einschneiden. Die Fische
außen und innen leicht mit Salz bestreuen
und mit Zitronensaft beträufeln, dann beiseite stellen.

2. Die Zwiebeln und den Knoblauch schälen und klein würfeln. Die Stielansätze
der Tomaten entfernen. Die Tomaten kurz
überbrühen, häuten, in Scheiben schneiden. Petersilie waschen, trockenschütteln
und die Blättchen hacken. Den Backofen
auf 180° vorheizen.

3. Das Öl in einer großen Pfanne erhitzen.
Zwiebeln und Knoblauch darin glasig

dünsten. Tomaten, Zucker, $^1/_2$ TL Salz,
eine gute Prise Pfeffer und die Petersilie
unterrühren und zugedeckt bei mittlerer
Hitze 5 Min. dünsten.

4. Eine Auflaufform mit Olivenöl einpinseln und die Fische hineinlegen, mit dem
Gemüse bedecken. Lorbeerblätter darauf
legen. Die Form mit Alufolie verschließen,
die Fische im heißen Ofen (Mitte, Umluft
160°) 25 Min. garen.

BEILAGE: Fladenbrot

GETRÄNK: trockener Rosé- oder Weißwein

VARIANTE: Auch festes Fischfilet, z. B.
vom Rotbarsch, schmeckt auf diese Art
zubereitet hervorragend.

FÜR ANFÄNGER
FÜR GÄSTE
AUS İSTANBUL

ZUBEREITUNG: 40 Min.
PRO PORTION CA.: 315 kcal

FÜR 4 PERSONEN:

4 Schalotten
4 Knoblauchzehen
2 große Tomaten
2 milde Peperoni
60 g Butter
4 kleine Lorbeerblätter
$^1/_8$ l trockener Weißwein
Salz | schwarzer Pfeffer, frisch
gemahlen
1 Msp. Cayennepfeffer
500 g vorgegarte, geschälte
Garnelen
6 EL geriebener *kaşar*-Käse
(S. 160; ersatzweise Greyerzer)

Garnelen mit Gemüse aus dem Tontopf

KARİDES GÜVECİ

1. Die Schalotten und den Knoblauch
schälen und sehr klein würfeln. Von den
Tomaten die Stielansätze entfernen. Die
Tomaten kurz überbrühen, häuten, halbieren, entkernen und das Tomatenfleisch
würfeln. Die Peperoni waschen, halbieren,
putzen und in breite Streifen schneiden.

2. Den Backofen auf 220° (Umluft 200°)
vorheizen. Eine große ofenfeste Form
oder vier kleine Portionsförmchen mit
30 g Butter einfetten. Übrige Butter in
der Pfanne erhitzen. Die Lorbeerblätter
in der Butter kurz anrösten. Das Gemüse
untermischen und unter Wenden bei starker Hitze 1 Min. braten. Den Wein zugießen, aufkochen und das Gemüse bei sanfter Hitze 2 Min. dünsten. Mit Salz, Pfeffer
und Cayennepfeffer noch abschmecken.

3. Die Garnelen kalt abspülen, abtropfen
lassen, unter das Gemüse mischen und
kurz miterhitzen. In die Tonform geben
oder auf die Tontöpfchen verteilen. Den
geriebenen Käse darüber streuen und die
Garnelen im heißen Ofen (Mitte) 8 Min.
offen backen, bis sich der Käse goldgelb
zu färben beginnt. Sofort servieren.

BEILAGE: frisches Fladenbrot

GETRÄNK: gekühlter Rosé-Wein, z. B.
von Doluca

Zwei beliebte Rezepte für Meeresfrüchte, wie man sie in den Restaurants an der Küste zubereitet und genießt.

Gedünstete Kalmare mit Zwiebelchen

KALAMAR YAHNİ

ZUBEREITUNG: 1 Std.
RUHEN: 1 Std.
PRO PORTION CA.: 340 kcal

FÜR 4 PERSONEN ALS WARME VORSPEISE:

1 kg küchenfertige Kalmare
1 TL Natron
1 große Zwiebel
100 ml Olivenöl
2 EL schwarze Pfefferkörner
4–6 Lorbeerblätter
1 TL Salz
1 knappen TL Zucker
100 ml milder Weinessig (4,5 % Säure)

1. Die Kalmare kalt abspülen, abtropfen lassen. Die Tentakel in Stücke, die Tuben in Ringe oder Streifen schneiden und in eine Schüssel legen. 1 TL Natron überstreuen und alles mit kaltem Wasser gut bedecken. Die Kalmare 30–60 Min. stehen lassen, dann werden sie zart.

2. Die Kalmare mit den Händen 5 Min. leicht durchkneten. Das Wasser abgießen. Die Kalmare mit frischem Wasser durchspülen und in einem Sieb abtropfen lassen. Die Zwiebel schälen, halbieren und in Streifen schneiden. Das Olivenöl in einen Topf gießen, Zwiebeln hineingeben und darauf die Kalmare legen.

3. Pfefferkörner, Lorbeerblätter, Salz und Zucker darüber verteilen. Die Kalmare ohne Wasser zugedeckt aufkochen, in der eigenen Flüssigkeit bei schwacher Hitze 20–30 Min. kochen. Den Essig darüber gießen und alles weitere 10 Min. kochen. In eine Schüssel geben und das Gericht warm servieren.

BEILAGE: Fladenbrot

GETRÄNK: trockener Weißwein, etwa ein Çankaya von Kavaklıdere

Muschelragout

MİDYE PİLAKİSİ

ZUBEREITUNG: 1 Std.
PRO PORTION CA.: 260 kcal

FÜR 4 PERSONEN:

40 Miesmuscheln
2 Zwiebeln
4 Knoblauchzehen
1 Stück Knollensellerie, ca. 200 g
1 große fest kochende Kartoffel
2 Möhren
1 Tomate
8 EL Olivenöl
Salz
1 TL Zucker
1 EL Zitronensaft
1/2 Bund Dill
2 Zweige glatte Petersilie

1. Die Muscheln in einer großen, mit kaltem Wasser gefüllten Schüssel 15 Min. stehen lassen und säubern. Die geöffneten Muscheln wegwerfen. Die Muscheln noch mehrmals in frischem Wasser waschen.

2. In einem großen Topf 1 l Wasser aufkochen, die Muscheln 3–4 Min. darin kochen, dann haben sie sich geöffnet und mit dem Sieblöffel in ein Sieb geben. Die nicht geöffneten Muscheln wegwerfen. Vom Kochsud 1/4 l aufheben. Das Muschelfleisch aus den Schalen lösen.

3. Die Zwiebeln und den Knoblauch schälen und klein würfeln. Sellerie, Kartoffel und Möhren schälen und in mittelgroße Würfel schneiden. Die Tomate waschen, den Stielansatz entfernen und die Tomate auf der feinen Kartoffelreibe auf einen tiefen Teller reiben.

4. In einem Topf das Öl mittelstark erhitzen. Die Zwiebeln darin glasig braten. Die Möhren 2 Min. mitbraten. Kartoffelwürfel, Sellerie und die Knoblauchzehen unterrühren. Das Muschelwasser, 1 TL Salz und 1 TL Zucker zufügen und alles zugedeckt bei schwacher Hitze 20 Min. kochen.

5. Das Gemüse mit Zitronensaft abschmecken. Die Miesmuscheln unterheben und etwa 5 Min. erhitzen. Kräuter waschen, trockenschütteln, die Blättchen hacken und unterrühren. Das Ragout abkühlen lassen und servieren.

BEILAGE: frisch aufgebackenes Fladenbrot oder Baguette

GETRÄNK: trockener Rosé- oder Weißwein

VARIANTE: Statt mit Muscheln kann das Gericht auch mit Garnelen zubereitet werden. Vorgegarte Garnelen werden – wie die Muscheln – 5 Min. vor Garzeitende zum Gemüse gegeben.

Fleisch und Geflügel

Lamm, Huhn und Rind in köstlichen Variationen

FÜR GEÜBTE
FÜR FESTTAGE
AUS MITTELANATOLIEN

ZUBEREITUNG: 1 Std.
GAREN: 2 Std.
PRO PORTION CA.: 600 kcal

FÜR 6 PERSONEN:

1 Lammkeule von 1,5–2 kg

Salz

2 EL Olivenöl

200 g dicker türkischer oder griechischer Joghurt, 6–10 % Fett i. Tr.

2 EL Paprikapaste (*biber salçası*; ersatzweise 2 EL Tomatenmark mit $1/2$ TL Cayennepfeffer)

1 EL gehackter frischer oder 1 TL getrockneter Thymian

schwarzer Pfeffer, frisch gemahlen

$1/2$ TL gemahlener Kreuzkümmel

2 Knoblauchzehen

600 g fest kochende Kartoffeln

4 Tomaten

1 Bund glatte Petersilie

Lammkeule mit Joghurtkruste
KUZU BUDU FIRANDA

1. Von der Lammkeule das Fett bis auf eine dünne Schicht abschneiden. In einem großen Topf 2 l leicht gesalzenes Wasser aufkochen und die Keule darin 30 Min. zugedeckt vorgaren.

2. Eine große Auflaufform mit Öl einfetten. Joghurt, Paprikapaste, Thymian, Pfeffer, 1 TL Salz und den Kreuzkümmel verrühren. Den Knoblauch schälen, durch die Presse drücken und ebenfalls unterrühren. Den Backofen auf 180° vorheizen.

3. Die Keule abtropfen lassen und den Sud aufheben. Die Keule in der Form dick mit Joghurtpaste bestreichen, im heißen Ofen (Mitte, Umluft 160°) 30 Min. backen. In der Zwischenzeit Kartoffeln schälen und längs vierteln. Stielansätze der Tomaten

entfernen. Die Tomaten kurz überbrühen, häuten, halbieren, entkernen und würfeln.

4. Nach den 30 Min. Garzeit $1/4$ l Lammbrühe angießen. Kartoffeln und Tomaten um die Keule legen, mit Salz und Pfeffer bestreuen und alles für 1 Std. in den Ofen schieben. Lamm und Gemüse gelegentlich mit dem Sud in der Form begießen, nach Bedarf etwas mehr nachfüllen.

5. 10 Min. vor Ende der Garzeit die Petersilie waschen, die Blättchen hacken und unter Kartoffeln und Tomaten mischen. Die Keule in der Form servieren.

GETRÄNK: vollmundiger Rotwein, z. B. ein Yakut von Kavaklıdere

FÜR ANFÄNGER
ALLTAGSGERICHT
AUS MITTELANATOLIEN

VORBEREITEN: 30 Min.
GAREN: 1 Std. 30 Min.
PRO PORTION CA.: 320 kcal

FÜR 4 PERSONEN:

1 kg Kalbsschulter mit Knochen, vom Fleischer in große Stücke gehackt (ersatzweise 500 g durchwachsenes Kalbfleisch und 500 g Beinscheiben)

2 große weiße Zwiebeln

Salz | schwarzer Pfeffer, frisch gemahlen

1 Lorbeerblatt

4 fest kochende Kartoffeln

4 Möhren

1 Bund glatte Petersilie

Kalbfleisch mit Gemüse in Brühe
DANA HAŞLAMA

1. Die Fleischstücke kalt abspülen, trockentupfen und in einen großen Topf legen. Zwiebeln schälen und vierteln, auf das Fleisch legen. 1 gehäuften TL Salz und reichlich Pfeffer überstreuen. $1 1/2$ l heißes Wasser aufgießen, aufkochen und den aufsteigenden Schaum mit einem Sieblöffel abnehmen. Das Fleisch zugedeckt 1 Std. bei schwacher Hitze kochen.

2. Die Kartoffeln und Möhren schälen. Die Kartoffeln vierteln, die Möhren in große Stücke schneiden und mit in den Topf geben. Noch weitere 20–30 Min. kochen. Die Petersilie waschen, trockenschütteln. Die Blättchen abschneiden, grob hacken und 5 Min. vor Ende der Kochzeit unterrühren. Den Eintopf mit Salz und Pfeffer abschmecken, in tiefen Tellern servieren.

GETRÄNK: Wasser oder *ayran* (Seite 153)

TIPP!
Dieses einfache, aber wohlschmeckende Gericht wird besonders gerne in der kalten Jahreszeit zubereitet, denn es wärmt so richtig gut von innen.

Lammfleischspieße

ŞİŞ KEBAP

FÜR ANFÄNGER
FÜR GÄSTE
AUS DER MITTELMEERREGION

MARINIEREN: 3–4 Std.
ZUBEREITUNG: 45 Min.
PRO PORTION CA.: 555 kcal

FÜR 4 PERSONEN:

800 g Lammfleisch aus der Keule

4 EL Olivenöl | 1 EL Zitronensaft

$^1/_2$ TL Salz | $^1/_2$ TL schwarzer Pfeffer, frisch gemahlen

1 EL gehackter frischer oder getrockneter Thymian

12–16 Kirschtomaten

12–16 Perlzwiebeln oder 6 Schalotten

6–8 milde oder scharfe Peperoni

1 Bund glatte Petersilie

1 unbehandelte Zitrone

Außerdem:

8 Fleischspieße
Öl für die Spieße

1. Das Fleisch in 2–2,5 cm große Würfel schneiden. Olivenöl, Zitronensaft, Salz, Pfeffer und Thymian verrühren. Das Fleisch darin wenden und zugedeckt mindestens 3–4 Std. marinieren.

2. Die Tomaten waschen und abtrocknen. Die Perlzwiebeln häuten (Schalotten häuten und halbieren). Die Peperoni waschen, längs halbieren und putzen, in 3 cm lange Stücke schneiden.

3. Das Fleisch abtropfen lassen. Die Spieße mit Öl einreiben. Abwechselnd Fleisch und Gemüse auf die Spieße stecken, über der Holzkohlenglut oder auf dem Elektrogrill

15–20 Min. grillen und dabei gelegentlich wenden. Die Petersilie waschen, trockenschütteln, auf einer Platte auslegen und die Spieße darauf anrichten. Die Zitrone vierteln und zum Beträufeln dazulegen.

GETRÄNK: Rotwein oder *rakı*

TIPP!

Fladenbrothälften leicht mit Olivenöl einpinseln und auf dem Grill knusprig braten. Dann wie zu einer Tasche aufschneiden. Fleisch und Gemüse von den Spießen streifen, hineingeben und das *kebap* aus der Hand essen

Gegrillte Lammkoteletts

PİRZOLA IZGARA

1. Die Lammkoteletts kalt abspülen, trockentupfen und die Fettränder im Abstand von 2 cm mit einem scharfen Messer quer leicht einschneiden. Den Knoblauch und die Zwiebel schälen. Den Knoblauch durch die Knoblauchpresse drücken und in eine flache Form geben. Die Zwiebel auf der feinen Kartoffelreibe dazureiben. Öl, 1/2 TL Salz und Pfeffer unterrühren. Die Koteletts darin wenden und zugedeckt 3–4 Std. im Kühlschrank marinieren.

2. Die Zwiebeln schälen und längs vierteln. Die Peperoni putzen und waschen. Die Tomaten waschen, Stielansätze entfernen und die Tomaten quer halbieren. Den Grill leicht mit Öl einpinseln. Die Koteletts in die Mitte legen und rundum die Zwiebelviertel, die Peperoni und die Tomatenhälften dazu.

3. Jede Kotelettseite – je nach Hitzegrad – 2–4 Min. grillen. Die Koteletts mit dem Gemüse auf einer Platte anrichten, mit Salz und Oregano bestreuen. Die Zitrone achteln und zum Beträufeln dazulegen.

GETRÄNK: mit Eiswasser verdünnter *rakı* oder trockener Rotwein, z. B. ein Yakut von Kavaklıdere

TIPP!

Die Koteletts und das Gemüse können auch in der Pfanne gebraten werden, doch schmecken sie vom Holzkohlengrill am besten. Zum Braten 2–3 EL Olivenöl in die Pfanne geben.

FÜR ANFÄNGER
FÜR GÄSTE
KLASSIKER

MARINIEREN: 3–4 Std.
ZUBEREITUNG: 30 Min.
PRO PORTION CA.: 840 kcal

FÜR 4 PERSONEN:

12 Lammkoteletts, am besten vom türkischen Fleischer dünn und so zugeschnitten, dass man sie aus der Hand essen kann

2 Knoblauchzehen | 1 Zwiebel

6 EL Olivenöl

Salz | schwarzer Pfeffer, frisch gemahlen

4 rote Zwiebeln

4 lange, scharfe oder milde Peperoni

4 große Fleischtomaten

Öl für den Grill

1 EL frischer oder 1 TL getrockneter Oregano

1 unbehandelte Zitrone

Als *kebap* werden in der Türkei nicht nur Spieße bezeichnet, sondern auch andere Gerichte mit kleinteiligem Fleisch.

Lammbein-Kebap
İNCİK KEBABI

FÜR GEÜBTE
FÜR GÄSTE
AUS MITTELANATOLIEN

ZUBEREITUNG: 1 Std. 20 Min.
PRO PORTION CA.: 325 kcal

FÜR 4 PERSONEN:

4 küchenfertige Lammbeine

3–4 EL Mehl

30 g Butter

4 EL Olivenöl

Salz | schwarzer Pfeffer, frisch gemahlen

1 Möhre

1 Zwiebel

2 Knoblauchzehen

2 Stangen Staudensellerie

100 g gepalte Erbsen, frisch oder TK

1 EL frische oder 1 TL getrocknete Thymianblättchen

1. Den Backofen auf 220° (Umluft 200°) vorheizen. Die Lammbeine kalt abspülen, mit Küchenpapier abtrocknen, in Mehl wenden, überschüssiges Mehl abschütteln. Butter und 2 EL Öl in einem Bratentopf gut erhitzen und das Fleisch rundum goldgelb anbraten. Mit Salz und Pfeffer würzen. $1/4$ l heißes Wasser zugießen und die Lammbeine zugedeckt im heißen Ofen (Mitte) 15 Min. dünsten. Die Temperatur auf 180° (Umluft 160°) zurückschalten und 20 Min. weiterdünsten.

2. Die Möhre schälen und klein würfeln. Die Zwiebel schälen, längs halbieren und in dünne Streifen schneiden. Den Knoblauch schälen und mit der breiten Seite eines Fleischmesser anquetschen. Den Sellerie waschen, putzen und in Scheibchen schneiden. Die Erbsen in einem Sieb kalt abspülen und abtropfen lassen.

3. In einer Pfanne 2 EL Öl erhitzen und das Gemüse, ohne die Erbsen, 5 Min. anschmoren. Mit Salz, Pfeffer und Thymian würzen. Den Bratentopf aus dem Ofen nehmen und das Gemüse einschließlich der Erbsen rund um das Fleisch legen. Nach Bedarf noch etwas heißes Wasser unterrühren. Den Topf erneut zudecken und das Gericht in 20 Min. fertig garen, mit Salz abschmecken.

BEILAGE: Reis, frisch aufgebackenes Fladenbrot oder Baguette

GETRÄNK: trockener Weißwein, z. B. Villa Doluca, oder ein helles Bier

Lammspieße mit Auberginen
PATLICAN KEBABI

FÜR GEÜBTE
FÜR GÄSTE
AUS DER MITTELMEERREGION

MARINIEREN: 3–4 Std.
ZUBEREITUNG: 30 Min.
PRO PORTION CA.: 480 kcal

FÜR 4 PERSONEN:

600 g Lammfleisch aus der Keule

8 EL Olivenöl

3 möglichst dünne, lange Auberginen

Öl zum Bepinseln

Salz | schwarzer Pfeffer, frisch gemahlen

Außerdem:

8 Grillspieße

1. Das Lammfleisch in $1/2$ cm große Würfel schneiden. Das Öl in eine Schüssel gießen und die Fleischwürfel darin wenden, zugedeckt 3–4 Std. marinieren. Die Auberginen waschen, die Stiele abschneiden und die Früchte quer in etwa 2 cm breite Scheiben schneiden. Jede Scheibe halbieren.

2. Den Grill vorheizen. Die Fleischstücke abtropfen lassen. Die Spieße mit Marinieröl einreiben. Fleisch und Auberginenscheiben abwechselnd auf die Spieße stecken, mit Marinieröl einpinseln.

3. Die Spieße auf dem heißen Holzkohlen- oder Elektrogrill von jeder Seite 6–8 Min. grillen. Mit Salz und Pfeffer bestreuen und sofort servieren.

GETRÄNK: *rakı* mit Eiswasser verdünnt

VARIANTE: Dieses *kebap* wird auch gerne statt mit Fleischwürfeln mit Hackfleischröllchen zubereitet.

TIPP!
Am Rand des Grills leicht mit Olivenöl eingepinselte Fladenbrotstreifen knusprig mitgrillen und zu den Spießen reichen.

MARINIEREN: 1 Std.
ZUBEREITUNG: 1 Std.
PRO PORTION CA.: 980 kcal

FÜR 4 PERSONEN:

Für das Fleisch:

800 g Lammfleisch aus der Keule
4 EL Olivenöl
Salz | Pfeffer, frisch gemahlen
1 gute Msp. *sumak* (rotes Pulver aus Essigbaumfrüchten)
1/2 TL *pulbiber* (Paprikaflocken)
4 Grillspieße zum Aufstecken
Öl für die Spieße

Für die Sauce:

2 große Tomaten
1 kleine Zwiebel
1 Knoblauchzehe | 20 g Butter
Salz | Pfeffer, frisch gemahlen

Außerdem:

350 g löffelfester Joghurt | Salz
4 milde oder scharfe Peperoni
50 g Butter
4 kleine Fladenbrote oder
1 großes dünnes Fladenbrot

Kebap mit Joghurt auf Fladenbrot

YOĞURTLU KEBAP

1. Für die Spieße das Lammfleisch in 1,5 cm große Würfel schneiden. Das Öl in eine Schüssel gießen, 1 TL Salz und die Gewürze unterrühren, das Fleisch darin wenden und zugedeckt 1 Std. marinieren. Die Spießchen mit dem Öl einpinseln, die Fleischwürfel abtropfen lassen und auf die Spieße stecken.

2. Für die Sauce die Stielansätze der Tomaten entfernen, die Tomaten kurz überbrühen, häuten, halbieren, entkernen und klein würfeln. Die Zwiebel und den Knoblauch schälen und klein würfeln. Die Butter in einem kleinen Topf mittelstark erhitzen. Zwiebeln und Knoblauch glasig braten. Die Tomaten unterrühren und aufkochen. Mit Salz und Pfeffer abschmecken. Bei schwacher Hitze zugedeckt 8–10 Min. dünsten, nach Bedarf noch 2–3 EL Wasser zufügen. Warm halten.

3. Den Joghurt in eine Schüssel geben, 1/2 TL Salz unterrühren. Die Peperoni waschen. Backofen auf 140° (Umluft 120°)

vorheizen und die Fladenbrote auf dem Rost (Mitte) 6–8 Min. aufbacken und warm halten.

4. Die Spieße in der Pfanne von allen Seiten braun braten. Peperoni dazwischenlegen und mitbraten. Die 60 g Butter in einem Butterpfännchen erhitzen. Die Fladenbrote in Portionsstücke schneiden, auf vier Teller verteilen und mit heißer Butter beträufeln. Den Joghurt auf dem Brot verteilen, das Fleisch von den Spießen abstreifen und darauf anrichten. Auf jede Portion etwas Tomatensauce geben und garniert mit je 1 Peperoni sofort servieren.

GETRÄNK: Bier, vielleicht ein türkisches Efes Pilsen

VARIANTE: Fleischspieße können natürlich auch auf dem Grill gebraten werden. Wer es besonders üppig mag, brät oder grillt zusätzlich dünne Hackfleischröllchen (siehe Rezept Seite 112, Frikadellen auf Hausfrauenart, die halbe Menge) und gibt sie mit auf die Brotstücke.

ZUBEREITUNG: 1 Std.
PRO PORTION CA.: 365 kcal

FÜR 4 PERSONEN:

400 g Lammfleisch aus der Keule
2 Frühlingszwiebeln
1 große Tomate | 1 Möhre
2 Kartoffeln
100 g gepalte Erbsen, frisch oder TK
40 g Butter
1 TL getrockneter Thymian
Salz | schwarzer Pfeffer, frisch gemahlen
4 Blatt Pergamentpapier oder Alufolie, je 35 x 35 cm groß
1/2 Bund glatte Petersilie

Kebap im Papier

KAĞIT KEBABI

1. Das Fleisch kalt abspülen und in 1 cm große Würfel schneiden. Die Zwiebeln putzen, waschen, längs halbieren und in 1 cm große Stücke schneiden. Die Stielansätze der Tomaten entfernen. Die Tomaten überbrühen, häuten, halbieren, entkernen und würfeln. Die Möhren und Kartoffeln schälen und würfeln. Die Erbsen abspülen und abtropfen lassen.

2. Die Butter in der Pfanne erhitzen. Zwiebeln glasig braten. Das Fleisch zugeben und zugedeckt bei schwacher Hitze etwa 5 Min. dünsten, bis der Saft verdampft ist. Nacheinander Tomaten, Möhren und Kartoffeln unterrühren und jeweils 5 Min. mitdünsten. Zuletzt die Erbsen und den Thymian unterrühren, nach Bedarf noch 2–3 EL

Wasser zufügen. Das Ragout mit Salz und Pfeffer abschmecken.

3. Backofen auf 220° vorheizen. Auf je ein ausgebreitetes Stück Pergament oder Alufolie ein Viertel der Fleischmischung geben. Die Petersilie waschen, trockenschütteln, Blättchen abzupfen, auf die Portionen legen. Seiten der Papier- oder Folienstücke einklappen und jedes zu einem Päckchen verschließen, auf ein großes Blech legen. Das Pergamentpapier mit Wasser einpinseln. Das *kebap* im heißen Ofen (Mitte, Umluft 200°) 20 Min. backen. Im Papier oder in der Folie auf Teller legen und die Päckchen bei Tisch öffnen.

BEILAGE: Salat

GETRÄNK: leichter, trockener Rotwein

FÜR GEÜBTE
PREISWERT
AUS MITTELANATOLIEN

ZUBEREITUNG: 45 Min.
BACKEN: 40 Min.
PRO PORTION CA.: 575 kcal

FÜR 4 PERSONEN:

600 g Rinderhackfleisch
2 Scheiben Toastbrot
1 Zwiebel
2 Knoblauchzehen
1 Bund glatte Petersilie
1 Ei
Salz | schwarzer Pfeffer, frisch
gemahlen
1 Msp. gemahlener Kreuz-
kümmel
1 Msp. Zimtpulver
3 große Tomaten
2 Frühlingszwiebeln
2 hellgrüne Spitzpaprika-
schoten
600 g fest kochende Kartoffeln
in etwa gleicher Größe
40 g Butter
1 EL frische oder 1 TL getrocknete Thymianblättchen
Butter für die Form

Frikadellen auf Hausfrauenart

EV KÖFTESİ

1. Das Fleisch in eine Schüssel geben. Das Brot entrinden, mit wenig Wasser einweichen, ausdrücken und zum Fleisch geben. Die Zwiebel schälen und zum Hackfleisch reiben. Den Knoblauch schälen, durch die Knoblauchpresse dazudrücken. Die Petersilie waschen, trockenschütteln und die Blättchen hacken. Mit dem Ei, 1 TL Salz, reichlich Pfeffer, Kreuzkümmel und Zimt zum Hackfleisch geben. Alles gründlich verkneten und 20–30 Min. ruhen lassen.

2. In der Zwischenzeit die Stielansätze der Tomaten entfernen. Tomaten kurz überbrühen, häuten und klein würfeln. Die Zwiebeln putzen, waschen, längs halbieren und in Stückchen schneiden. Die Paprikaschoten waschen, putzen, in Ringe schneiden. Die Kartoffeln schälen und in 1 cm dicke Scheiben schneiden. In einer Pfanne die Butter erhitzen und das Gemüse darin 2 Min. dünsten. $^1/_4$ l Wasser sowie 1 gute Prise Salz und den Thymian unterrühren. 5 Min. dünsten.

3. Den Backofen auf 200° vorheizen. Aus jeweils 1 EL Hackfleisch ovale Frikadellen formen. Eine runde Form mit der Butter einpinseln. Die Kartoffelscheiben nebeneinander darin auslegen, auf jede Scheibe 1 Frikadelle legen. Die Sauce darüber verteilen. Übrige Kartoffelscheiben würfeln und dazwischenlegen. Die *köfte* im heißen Ofen (Mitte, Umluft 180°) 40 Min. garen.

BEILAGE: Fladenbrot oder Baguette und ein gemischter Salat

GETRÄNK: *ayran* (Seite 153) oder Wasser

FÜR ANFÄNGER
FÜRS BUFFET
AUS MITTELANATOLIEN

ZUBEREITUNG: 50 Min.
PRO PORTION CA.: 665 kcal

FÜR 4 PERSONEN:

1 große Zwiebel
30 g Butter
500 g Rinderhackfleisch
120 g Langkornreis
Salz
$^1/_2$ Bund glatte Petersilie
3 Eier
Pfeffer, frisch gemahlen
1 Msp. gemahlener Piment
2–3 EL Mehl
6 EL Olivenöl

Frauenschenkel-Frikadellen

KADINBUDU KÖFTE

1. Die Zwiebel schälen und klein würfeln. Die Butter in einem Topf mittelstark erhitzen und die Zwiebeln darin glasig braten. Die Hälfte vom Hackfleisch zufügen, fein zerdrücken und braten, bis der Saft verdampft ist. In eine Schüssel geben.

2. Den Reis mit der doppelten Menge Wasser und $^1/_2$ TL Salz 20 Min. kochen und ausdampfen lassen. Die Petersilie waschen, trockenschütteln und hacken, mit dem Reis, 1 Ei und dem rohen Hackfleisch zum Gebratenen geben. Mit 1 TL Salz, reichlich Pfeffer und Piment bestreuen, alles noch gut durchkneten.

3. 2 Eier in einem tiefen Teller verquirlen. Mehl auf einem flachen Teller ausbreiten.

Mit den angefeuchteten Händen aus je 1 gehäuften EL Hackmasse flache, ovale Frikadellen formen. Das Öl in der Pfanne gut erhitzen. Die Frikadellen zuerst in Mehl, dann in Ei wenden und im heißen Öl von beiden Seiten goldbraun braten.

GETRÄNK: *ayran* (Seite 153)

TIPP!
Die Frikadellen schmecken warm oder kalt. Dazu einen Tomatensalat vorbereiten.

Ein Gericht, das wieder einmal beweist, wie vielseitig Auberginen verwendet werden – hier zum Beispiel zum Einwickeln.

Lammfleisch im Auberginen-mantel

PATLICANLI İSLİM KEBABI

1. Das Lammfleisch in 12 etwa gleich große Würfel schneiden. Zwiebeln und Knoblauch schälen und klein würfeln. Stielansätze der Tomaten entfernen. Die Tomaten kurz überbrühen und häuten. 3 Tomaten klein würfeln, die vierte Tomate in Scheiben schneiden. Peperoni waschen, Stiele entfernen und die Schoten mit Kernen in 4 Stücke schneiden. Auberginen waschen, Stiele entfernen und die Früchte längs in insgesamt 18 Scheiben schneiden, in leicht gesalzenes Wasser legen.

2. 30 g Butter in einer Pfanne stark erhitzen und das Fleisch darin rundum hellbraun anbraten, mit Salz und Pfeffer würzen, aus der Pfanne nehmen und beiseite stellen. Die Temperatur auf Mittelhitze schalten. Zwiebeln und Knoblauch im Restfett mit 20 g Butter in der Pfanne glasig braten. Die gewürfelten Tomaten unterrühren, 2–3 Min. dünsten. 1/8 l heißes Wasser unterrühren, aufkochen und die Sauce mit Salz und Pfeffer abschmecken. Den Thymian unterrühren und die Sauce in eine flache Form füllen.

3. Backofen auf 180° vorheizen. Die Pfanne säubern und das Öl erhitzen. Auberginenscheiben abtropfen lassen, trockentupfen, nach und nach von beiden Seiten im Öl hellbraun braten. Auf Küchenpapier entfetten. Jeweils 6 Auberginenstreifen über Kreuz legen.

4. In die Mitte jeweils 4 Fleischwürfel geben und die Auberginenenden über das Fleisch legen. Auf jedes Päckchen 1 Tomatenscheibe und darauf 1 Stück Paprika mit 1 Saté-Spießchen aufstecken. Die Päckchen vorsichtig in die Form mit der Sauce legen, mit Alufolie bedecken und im heißen Ofen (Mitte, Umluft 160°) 45 Min. backen.

BEILAGE: frisch aufgebackenes Fladenbrot oder Reis

GETRÄNK: trockener Weißwein

FÜR KÖNNER
MACHT WAS HER
AUS İSTANBUL

ZUBEREITUNG: 50 Min.
BACKEN: 45 Min.
PRO PORTION CA.: 795 kcal

FÜR 3 PERSONEN:

600 g Lammfleisch aus der Keule

2 Zwiebeln

2 Knoblauchzehen

4 Tomaten

1 lange, dünne Peperoni

4 lange, nicht zu dicke Auberginen

Salz

50 g Butter

schwarzer Pfeffer, frisch gemahlen

1 EL frische oder 1 TL getrocknete Thymianblättchen

100 ml Olivenöl zum Braten

3 Saté-Spießchen

1. Die Auberginenscheiben nebeneinander in das heiße Öl legen und von beiden Seiten braten.

2. Jeweils 6 gebratene Auberginenstreifen sternförmig über Kreuz auslegen.

3. Auf jede Auberginenportion mittig 4 Fleischwürfel legen. Die Enden der Auberginenscheiben darüber schlagen.

ZUBEREITUNG: 50 Min.
GAREN: 1 Std.
PRO PORTION CA.: 485 kcal

FÜR 4 PERSONEN:

600 g Hähnchenoberschenkel oder Hähnchenflügel

2 Zwiebeln

60 g Butter

1 TL Tomatenmark

1 TL mildes Paprikapulver

$^3/_4$ l Hühner- oder Gemüse-brühe

6 Spitzpaprikaschoten

3 große Tomaten

2 kleine Auberginen

200 g grüne Bohnen

3 Kartoffeln

Salz

schwarzer Pfeffer, frisch gemahlen

1 Bund glatte Petersilie

Gemüseeintopf mit Huhn

GÜVEÇ

1. Die Hähnchenoberschenkel oder -flügel abspülen und abtrocknen. Die Zwiebeln schälen, vierteln und in Streifen schneiden. 30 g Butter in einem Topf erhitzen. Das Fleisch bei guter Mittelhitze leicht braun anbraten. Die Zwiebeln zugeben und unter Wenden glasig braten. Tomatenmark und das Paprikapulver unterrühren. $^3/_4$ l Brühe zugießen, alles zugedeckt bei Mittelhitze 10 Min. dünsten.

2. Den Backofen auf 180° vorheizen. Die Paprikaschoten waschen, putzen und in Stücke schneiden. Die Stielansätze der Tomaten entfernen. Die Tomaten kurz überbrühen, häuten und vierteln. Die Auberginen waschen, die Stiele abschneiden und die Auberginen grob würfeln. Die Bohnen waschen, putzen und in Stücke schneiden. Die Kartoffeln schälen und in Scheiben oder Würfel schneiden.

3. Die Hähnchenoberschenkel oder -flügel aus der Brühe nehmen, in einen Tontopf legen. Das Gemüse abwechselnd darauf schichten, mit Kartoffeln bedecken, leicht mit Salz und Pfeffer bestreuen. Die Hähnchenbrühe darüber gießen.

4. Die übrige Butter in Flöckchen auf dem Gericht verteilen. Den Topf nun mit einem Deckel oder mit Alufolie gut verschließen. Das Gericht im heißen Ofen (Mitte, Umluft 160°) 45–60 Min. garen. 10 Min. vor Garzeitende die Folie abnehmen und das *güveç* offen weiterbacken. Die Petersilie abspülen, die Blättchen hacken und über das fertige *güveç* streuen, im Topf servieren.

GETRÄNK: *ayran* (Seite 153)

VARIANTE: Statt mit Hähnchenteilen kann das Güvec auch mit Lammfleischwürfeln zubereitet werden oder ganz ohne Fleisch.

ZUBEREITUNG: 45 Min.
GAREN: 1 Std.
PRO PORTION CA.: 370 kcal

FÜR 4 PERSONEN:

4 ganze Hähnchenschenkel

Salz | schwarzer Pfeffer, frisch gemahlen

4 Knoblauchzehen

100 g Schalotten

2 hellgrüne Spitzpaprika-schoten

1 längliche rote Paprikaschote

3 fest kochende Kartoffeln

2 Möhren

2 Fleischtomaten

4 EL Olivenöl

1 kleiner Zweig Rosmarin

1 Zweig Thymian

1 EL Tomatenmark

Ankara-Hähnchenpfanne

ANKARA PİLİÇ TAVASI

1. Das Hähnchenfleisch kalt abspülen und mit Küchenpapier abtrocknen, rundum leicht mit etwas Salz und Pfeffer bestreuen. Knoblauch und Schalotten schälen. Die Knoblauchzehen mit der flachen Seite eines großen Messers anquetschen und die Schalotten längs halbieren.

2. Die Paprikaschoten putzen, waschen und in große Stücke schneiden. Die Kartoffeln und die Möhren schälen. Kartoffeln vierteln, die Möhren längs halbieren und in Stücke schneiden. Von den Tomaten den Stielansatz entfernen, die Früchte überbrühen, häuten und achteln.

3. Den Backofen auf 200° vorheizen. Eine große Auflaufform bereit stellen. In einer Pfanne das Olivenöl gut erhitzen und die Hähnchenteile beidseitig braun anbraten, in die Form legen. Knoblauch und Schalotten braten, bis sie sich leicht zu bräunen beginnen; in der Form verteilen.

4. Nach und nach Paprikaschoten, Kartoffeln und Möhren kurz anbraten und in die Form geben. Alles mit Salz und mit Pfeffer bestreuen und die Kräuter zwischen die Zutaten legen. Das Tomatenmark in $^1/_4$ l Wasser glatt rühren und über das Gericht gießen. Die Form mit Alufolie verschließen und das Gericht im heißen Ofen (Mitte, Umluft 180°) 45 Min. dünsten. Die Folie abnehmen und 10 Min. offen fertig garen.

BEILAGE: frisch aufgebackenes Fladenbrot oder Reis

GETRÄNK: Rotwein aus Mittelanatolien

TIPP!
Für eine größere Gästezahl das Gericht auf einem großen Backblech zubereiten.

ZUBEREITUNG: 45 Min.
PRO PORTION CA.: 305 kcal

FÜR 4 PERSONEN:

1 küchenfertiges Brathähn-
chen, ca. 1100 g

750 g kleine Zwiebelchen
(ersatzweise Schalotten)

2 Knoblauchzehen

1 Tomate

40 g Butter

1 EL Mehl

1 EL Tomatenmark

$^{1}/_{8}$ l trockener Weißwein

$^{1}/_{2}$ l Hühnerbrühe | Salz

schwarzer Pfeffer, frisch
gemahlen

$^{1}/_{2}$ TL scharfes Paprikapulver

1 Msp. gemahlener Piment

$^{1}/_{2}$ TL Zimtpulver

1 Spitzpaprikaschote

ZUBEREITUNG: 1 Std.
PRO PORTION CA.: 435 kcal

FÜR 4 PERSONEN:

4 Hähnchenbrustfilets,
je 120 g

Salz | schwarzer Pfeffer, frisch
gemahlen

100 g geschälte Pistazien

50 g junger, milder *kaşar*-Käse
(S. 160; ersatzweise *kefalotiri*)

$^{1}/_{2}$ TL fein abgeriebene Schale
von einer unbehandelten
Orange

1 Eiweiß

20 g Butter

2 EL Sonnenblumenöl

$^{1}/_{4}$ TL Zucker

1 TL Mehl

Saft von 2 Orangen

1 Messerspitze Cayennepfeffer

Außerdem:

Holzspießchen zum Zustecken

Huhn mit Zwiebelchen

TAVUKLU YAHNİ

1. Das Hähnchen in Portionsstücke teilen, dabei das überflüssige Fett entfernen. Die Zwiebelchen schälen, größere Schalotten längs halbieren. Knoblauchzehen schälen und hacken. Den Stielansatz der Tomate entfernen. Die Tomate kurz überbrühen, häuten, halbieren, die Kerne entfernen und die Tomate klein würfeln.

2. Die Butter in einem Topf mittelstark erhitzen und die Hähnchenteile rundum in 6–8 Min. hellbraun anbraten. Die Zwiebelchen oder Schalotten und den Knoblauch unterrühren und weiterbraten, bis sie sich leicht gelb zu färben beginnen. Das Mehl überstreuen, unterrühren und kurz mitdünsten, dann die Tomate unterrühren.

3. Das Tomatenmark im Wein glatt rühren, mit der Brühe langsam zugießen, unter ständigem Rühren aufkochen. Salz und Gewürze zufügen und das Gericht abschmecken. 15 Min. bei schwacher Hitze mit aufgesetztem Deckel weiterkochen.

4. Inzwischen die Paprikaschote waschen, putzen, vierteln und in Stückchen schneiden. Unter das Gericht rühren, alles in weiterer 15 Min. fertig garen und noch einmal abschmecken.

BEILAGE: Baguette oder Reis

GETRÄNK: trockener Weißwein, beispielsweise Doluca Beyaz

VARIANTE: Statt mit Hähnchen kann das Gericht auch mit Kalbfleisch oder zartem Lamm zubereitet werden.

Gefüllte Hähnchenbrust in Orangensauce

DOLDURULMUŞ TAVUKGÖĞSÜ, PORTAKAL SOSLU

1. Die Hähnchenbrustfilets kalt abspülen, mit Küchenpapier abtrocknen, dann quer etwas mehr als bis zur Hälfte einschneiden. Die Filets auseinander klappen, auf einem Brett ausbreiten und leicht flach klopfen. Außen und innen leicht mit Salz und Pfeffer bestreuen.

2. Die Pistazien hacken, in der Pfanne ohne Fett bei Mittelhitze leicht braun rösten, auf einem Teller abkühlen lassen. Eine Hälfte der Pistazien in ein Schüsselchen geben. Den Käse raspeln, mit der Orangenschale unter die Pistazien in dem Schüsselchen mischen. In die Mitte jedes Filets einen Teil davon geben. Die Filets zusammenklappen und mit Hölzchen zustecken.

3. Das Eiweiß verquirlen. Die Filets zuerst in Eiweiß, anschließend in den restlichen Pistazien wenden. Die Butter und das Öl in der Pfanne gut erhitzen und die Filets

von beiden Seiten braten, bis sie zu bräunen beginnen. Die Brustfilets in eine Form legen. Den Backofen auf 180° vorheizen.

4. Den Zucker in die Pfanne streuen und unter Rühren leicht karamellisieren lassen. Das Mehl unterrühren und anschwitzen. Den Orangensaft unterrühren, aufkochen bis eine sämige Sauce entstanden ist. Diese mit wenig Salz, mit Pfeffer und Cayennepfeffer abschmecken und über die Filets gießen. Die Form mit Folie verschließen und das Fleisch im heißen Ofen (Mitte, Umluft 160°) 25 Min. garen. Die Filets schräg halbieren, auf Tellern mit etwas Sauce anrichten.

GARNIEREN: mit halbierten Orangenscheiben und Minzeblättchen

GETRÄNK: Weißwein, Moscado von Doluca

Wie gut Hähnchenfleisch und Okraschoten zusammenpassen, das werden auch Ihre Gäste bekunden.

Huhn mit Okraschoten

TAVUK ETLİ BAMYA

1. Von den Okraschoten die Stielchen spitz wie Bleistifte zuschneiden, dabei die Schoten nicht verletzten. 1 l Wasser mit Essig aufkochen und die Schoten darin 2 Min. blanchieren, in ein Sieb geben und mit kaltem Wasser abspülen.

2. Das Fleisch in mundgerechte Stücke schneiden. Die Zwiebeln schälen und klein würfeln. Die Stielansätze der Tomaten entfernen. Die Tomaten kurz überbrühen, häuten und klein würfeln. 20 g Butter in einer Pfanne mittelstark erhitzen und die Fleischstücke rundum 2–3 Min. anbraten, bis sie sich zu bräunen beginnen, mit Salz und Pfeffer bestreuen und dann in einen Topf legen.

3. 20 g Butter zum Fett in der Pfanne geben und die Zwiebeln darin glasig werden lassen, mit den Tomaten und den Okraschoten auf dem Fleisch verteilen, dabei leicht mit Salz, Pfeffer und mit Paprikapulver bestreuen.

4. Die Brühe aufkochen, über die Zutaten im Topf gießen. Alles mit einem Teller beschweren und zugedeckt bei schwacher Hitze 45 Min. kochen.

BEILAGE: Reis, Fladenbrot oder Baguette

GETRÄNK: Rosé-Wein, z. B. von Doluca

TIPP!
Okraschoten sind ein besonders delikates und in der Türkei sehr geschätztes Gemüse. Wenn sie fachgerecht vorbereitet werden, sondert sich der Schleim aus dem Innern nicht ab. Die Schoten dürfen nicht zerkochen oder durch Rühren zerdrückt werden.

**FÜR GEÜBTE
FÜR GÄSTE
AUS DER ÄGÄIS-REGION**

ZUBEREITUNG: 45 Min.
GAREN: 45 Min.
PRO PORTION CA.: 295 kcal

FÜR 4 PERSONEN:

500 g möglichst kleine Okraschoten, 3–5 cm lang

2 EL Essig

500 g ausgelöstes Hähnchenfleisch von der Brust und den Keulen

3 Zwiebeln

2 Tomaten

40 g Butter

Salz | Pfeffer, frisch gemahlen

$1/2$ TL mildes Paprikapulver

$1/2$ l Hühner- oder Gemüsebrühe

1. Von den Okraschoten die Stielchen spitz wie Bleistifte zuschneiden, dabei die Schoten nicht verletzen.

2. 1 l Wasser mit Essig aufkochen und die Schoten darin 2 Min. blanchieren, in ein Sieb geben und mit kaltem Wasser abspülen.

3. Okraschoten auf dem Fleisch verteilen, alles mit einem Teller beschweren und zugedeckt bei schwacher Hitze 45 Min. kochen.

Süßspeisen und Konfitüren

Schon die Namen lassen Köstliches erwarten

Süßspeisen werden in der Türkei nicht – wie bei uns – als Dessert serviert, sondern meist an Festtagen zubereitet und als besondere Leckerei zwischen den Mahlzeiten serviert oder wenn Verwandte, Freunde oder Nachbarn zu Besuch kommen.

Engelshaardessert
KÜNEFE

1. Für die Zuckerlösung den Zucker mit $^1/_4$ l Wasser und Zitronensaft in einem Topf bei Mittelhitze 10 Min. offen kochen und abkühlen lassen. Teigfäden 15 Min. zwischen zwei leicht feuchte Küchentücher legen, damit sie geschmeidiger werden. Backofen auf 200° vorheizen.

2. Die Butter zerlassen und eine runde flache, ofenfeste Form mit einem Teil davon einpinseln. Teig in acht gleich große Häufchen teilen. Einen Teil der restlichen Butter mit einem Pinsel auf die Teigportionen tupfen.

3. Den Käse würfeln, auf dem Teig verteilen und diesen vorsichtig zu lockeren Röllchen zusammenrollen. Mit der übrigen Butter betupfen.

4. Das Dessert im heißen Ofen (Mitte, Umluft 180°) etwa 20 Min. backen, bis die Teigfäden bräunen. Das Rosenwasser unter die kalte Zuckerlösung mischen und das heiße Dessert damit begießen, 1 Min. einziehen lassen, mit Pistazien bestreuen und heiß servieren.

TIPP!
Dazu gedünstete Aprikosen oder frische Orangenfilets anrichten.

FÜR GEÜBTE
FÜR GÄSTE
AUS SÜDOST-ANATOLIEN

ZUBEREITUNG: 40 Min.
BACKEN: 20 Min.
PRO PORTION CA.: 570 kcal

FÜR 4 PERSONEN:

125 g Zucker

1 EL Zitronensaft

250 g *tel kadayıfı*
(frische Engelshaarnudeln; evtl. vorbestellen)

60 g Butter

Butter für die Form

200 g *dil peyniri,* ungesalzen
(S. 160; ersatzweise Mozzarella)

2 EL Rosenwasser aus dem türkischen oder griechischen Lebensmittelgeschäft oder aus der Apotheke

2 EL gehackte Pistazien

1. Teigfäden 15 Min. zwischen zwei leicht feuchte Küchentücher legen, damit sie geschmeidiger werden.

2. Von der zerlassenen Butter mit einem Pinsel einen Teil vorsichtig auf die Teigportionen tupfen.

3. Den gewürfelten Käse auf dem Teig verteilen und jede Portion vorsichtig locker aufrollen.

FÜR ANFÄNGER
FÜR FESTTAGE
AUS MITTELANATOLIEN

ZUBEREITUNG: 40 Min.
PRO PORTION CA.: 675 kcal

FÜR 4 PERSONEN:

125 g Rosinen
50 g Mehl
100 g Zucker
1 l Milch
100 g Sahne
1 TL fein abgeriebene Schale von einer unbehandelten Orange

Zum Verzieren:

12 getrocknete, ungeschwefelte Aprikosen
2 EL Pinienkerne
2 EL Rosinen
8 Walnusskerne
1 EL Pistazienkerne

FÜR ANFÄNGER
FÜR GÄSTE
AUS DER ÄGÄIS-REGION

ZUBEREITUNG: 30 Min.
PRO PORTION CA.: 285 kcal

FÜR 6 PERSONEN:

6 Scheiben Kastenweißbrot, 2 cm dick
50 g Butter
1 Glas entsteinte, gesüßte Sauerkirschen (680 g Inhalt)
4 EL Zucker
Mark von $1/2$ Vanilleschote
6 EL Mascarpone
1 Msp. fein abgeriebene Schale von einer unbehandelten Zitrone
frische Minzeblättchen zum Garnieren

Der nachfolgende Pudding soll an die Landung der Arche Noah auf dem Berg Ararat erinnern. Wer am *aşure*-Tag, diese Süßspeise zubereitet, verteilt davon Kostproben an Freunde und Nachbarn.

Noahs Pudding, einfache Art
SÜT AŞURESİ

1. Die Rosinen in einem kleinen Topf mit Wasser bedecken und 10 Min. kochen. In einem Sieb abtropfen lassen. Das Mehl und den Zucker in einen Topf geben. Mit einem Schneebesen die Milch nach und nach unterrühren, damit das Mehl keine Klümpchen bildet. Die Sahne ebenfalls unterrühren.

2. Die Milchmischung bei schwacher Hitze und unter ständigem Rühren zum Kochen bringen, bis ein dicker Brei entstanden ist. 2 Min. weiterkochen. Die abgetropften Rosinen und die Orangenschale unterrühren. Den Brei beiseite stellen und während er abkühlt, gelegentlich durchrühren. Dann in eine Servierschüssel geben oder auf Portionsschüsselchen verteilen.

3. Aprikosen längs in Streifen schneiden. Die Pinienkerne in der trockenen Pfanne zartbraun anrösten und in ein Schüsselchen geben. Das Dessert mit den Rosinen, mit Aprikosenstreifen und Pinienkernen hübsch garnieren. Mit Walnusskernhälften und Pistazien die Mitte verzieren.

Brot mit Sauerkirschen
VİŞNELİ EKMEK KADAYIFI

1. Von den Weißbrotscheiben die Rinde abschneiden. In einer großen Pfanne die Butter erhitzen. Die Brotscheiben hineinlegen, bei mittlerer Hitze beidseitig hellbraun braten und in eine Form legen.

2. Die Kirschen in einem Sieb abtropfen lassen und den Saft auffangen. Den Saft mit 3 EL Zucker und dem Vanillemark 10 Min. offen kochen lassen. Die Früchte unterrühren und erhitzen. Das Brot mit dem Kirschsaft tränken und die Kirschen auf den Brotscheiben verteilen, dann abkühlen lassen.

3. Den Mascarpone mit 1 EL Zucker und mit der Zitronenschale verrühren. Auf die Kirschen jeder Brotscheibe 1 EL Mascarpone geben, sofort servieren.

GARNIEREN: mit Minzeblättchen

VARIANTE: In der Türkei wird dieses Dessert mit frischem *kaymak,* einem dicken, festen Rahm angerichtet. Als Ersatz für *kaymak* kann Mascarpone oder auch steif geschlagene Sahne verwendet werden.

ZUBEREITUNG: 45 Min.
PRO PORTION CA.: 670 kcal

FÜR 4 PERSONEN:

125 g geschälte Mandeln
150 g Zucker
90 g Butter
125 g Hartweizengrieß
400 ml Milch

Helva wird gerne zu Hochzeiten oder Beschneidungsfesten zubereitet.

Prinzen-Helva
BADEMLİ PRENS HELVASI

1. Mandeln, 25 ml Wasser und 25 g Zucker in einem Topf bei Mittelhitze verrühren und so lange rühren, bis sich die Mandeln bräunen und karamellisieren. Auf einen Teller geben und beiseite stellen.

2. In einem zweiten Topf Butter schmelzen, den Grieß unterrühren und bei mittlerer Hitze goldgelb rösten, dabei ständig umrühren. In einem weiteren Topf die Milch und den restlichen Zucker aufkochen und kochend heiß unter den Grieß rühren – Vorsicht: Spritzgefahr!

3. Den Grießbrei zugedeckt bei schwacher Hitze 15 Min. quellen lassen; gelegentlich umrühren, damit er nicht ansetzt. Den Topf von der Kochstelle nehmen und noch 15 Min. ausquellen lassen. Dann die Mandeln unterrühren.

4. Vier Dessert-Portionsschalen mit kaltem Wasser ausspülen, den Grießbrei einfüllen und festdrücken. Erkalten lassen und auf Dessertteller stürzen.

GARNIEREN: Mit Zimtpulver ein Streifenmuster aufstreuen.

TIPP!
Die Helva-Portionen, je nach Jahreszeit, mit (Püree von) frischen Erdbeeren oder Himbeeren oder auch mit Kompott von Aprikosen, Pflaumen oder Pfirsichen anrichten.

Unter einer Karamellkruste verbirgt sich eine sahnige
Überraschung – ein Dessert, für das sich auch Kinder begeistern.

Überbackener Reispudding

FIRINDA SÜTLAÇ

1. Den Reis unter fließendem kaltem Was-
ser abspülen und abtropfen lassen. Gut mit
Wasser bedeckt aufkochen. Bei schwacher
Hitze 10 Min. köcheln lassen. Das restliche
Wasser abgießen, dann die Milch und den
Zucker sowie das Salz unterrühren.

2. Den Reis erneut aufkochen und etwa
15 Min. offen weiterkochen, bis er weich
ist. Die Reisstärke mit 1 EL Wasser verrühren, unter den Reis mischen. Unter
Rühren 2–3 Min. weiterkochen, bis die
Speise leicht dicklich wird. Sie soll aber
saftig bleiben.

3. Den Reis in sechs ofenfeste Portionsförmchen füllen und etwas abkühlen
lassen. Die Eigelbe mit 1 EL Wasser verrühren. Das Vanillemark auskratzen und
unterrühren. Die Mischung vorsichtig auf
die Reisoberfläche streichen.

4. Die Förmchen auf das Bratenblech setzen, etwas Wasser angießen. Das Blech in
den oberen Bereich des Backofens schieben. Unter dem Grill oder bei starker
Oberhitze backen, bis sich eine mittelbrau-
ne Kruste gebildet hat. Den Reis erkalten
lassen und in den Förmchen servieren.

**FÜR ANFÄNGER
GUT VORZUBEREITEN
AUS İSTANBUL**

ZUBEREITUNG: 45 Min.
PRO PORTION CA.: 295 kcal

FÜR 6 PERSONEN:

100 g Milchreis
1 l Milch
150 g Zucker
1 Prise Salz
1 EL Reisstärke
2 Eigelbe
1 Vanilleschote

Außerdem:

6 ofenfeste Förmchen

Je frischer die Mandeln, desto besser das klassische Dessert.
Die Kürbisspeise wird während des ganzen Winters zubereitet.

FÜR GEÜBTE
FÜR GÄSTE
AUS İSTANBUL

ZUBEREITUNG: 30 Min.
RUHEN UND ABKÜHLEN:
2 Std.
PRO PORTION CA.: 385 kcal

FÜR 4 PERSONEN:

100 g geschälte, sehr fein
gemahlene Mandeln
$1/2$ l Milch
1 Prise Salz
70 g Zucker
100 g Reisstärke

Mandelmilchdessert
KEŞKÜL

1. Die Mandeln in eine Schüssel geben. Die Milch erwärmen, darüber gießen und 1 Std. stehen lassen.

2. Die Milch durch ein Sieb in einen Topf gießen, die Mandeln gut ausdrücken. Salz und Zucker unter die Mandelmilch rühren und unter Rühren langsam aufkochen. Den Topf von der Kochstelle nehmen.

3. Vier Glasschüsselchen mit kaltem Wasser ausspülen. Reismehl in eine Schüssel geben und mit 150 ml Wasser glatt verrühren. Mit dem Schneebesen unter die heiße Mandelmilch rühren und aufkochen, bis ein dicker Brei entsteht. Unter ständigem Rühren 1 Min. weiterkochen.

4. Den Mandelpudding in die vorbereiteten Glasschalen verteilen, abkühlen lassen und 1 Std. in den Kühlschrank stellen.

GARNIEREN: Den Pudding vor dem Servieren dekorativ dick mit Kokosraspeln und gehackten Pistazien bestreuen.

VARIANTE: Schmeckt einfach himmlisch: In die Mitte des Desserts $1/2$ TL Puderzucker geben und dann mit 1 TL Rosenwasser beträufeln.

FÜR ANFÄNGER
GUT VORZUBEREITEN
VOM MARMARAMEER

SAFT ZIEHEN: über Nacht
ZUBEREITUNG: 45 Min.
PRO PORTION CA.: 460 kcal

FÜR 4 PERSONEN:

1 Hokkaido-Kürbis, ca. 1,8 kg
200 g Zucker
dünn abgeschälte Schale von
$1/2$–1 unbehandelten Orange
100 g Walnusskerne

Kürbis mit Walnüssen
KABAK TATLISI

1. Den Kürbis vierteln, die Kerne und die wattigen Innenteile entfernen. Die Viertel schälen, das Fruchtfleisch quer in 5 cm breite Streifen schneiden. Die Stücke nebeneinander in einen Topf legen und mit dem Zucker bestreuen. Zugedeckt über Nacht Saft ziehen lassen.

2. Die Orangenschalen zugeben und den Kürbis aufkochen. Bei schwacher Hitze in 10–15 Min. weich kochen. Im Saft erkalten lassen. Die Walnusskerne grob hacken. Die Kürbisstücke abtropfen lassen, auf einer Platte anrichten, etwas Saft angießen und jedes Stück mit Walnüssen bestreuen.

TIPP!
Für dieses Dessert können auch andere Kürbissorten verwendet werden.

ZUBEREITUNG: 20 Min.
BACKEN: 30 Min.
PRO QUITTENHÄLFTE CA.:
160 kcal

FÜR 4–8 PERSONEN:

5 große gelbe, duftende
Quitten

2 säuerliche Äpfel, z. B.
Cox Orange

200 g Zucker

Saft von 1 Zitrone

4 Gewürznelken

1 Päckchen Bourbon-Vanille-
zucker

4–8 EL Mascarpone

1 TL Zimtpulver

ZUBEREITUNG: 40 Min.
PRO PORTION CA.: 170 kcal

FÜR 4 PERSONEN:

30 g Mandelstifte

1 unbehandelte große Orange

2 EL Mehl

60 g Zucker

$^1/_2$ l frisch gepresster
Orangensaft

Dicke, duftende türkische Quitten gibt es auch bei uns ab
Oktober bis etwa Februar. Zeit genug, sich und seinen Gästen
das köstliche Dessert öfter mal zu gönnen. Es lässt sich gut
vorbereiten und hält sich im Kühlschrank ein paar Tage.

Gedünstete Quitten mit Mascarpone

AYVA TATLISI

1. 4 Quitten schälen, halbieren, Stiel- und
Blütenansätze herausschneiden und die
Kerngehäuse mit einem Esslöffel heraus-
drehen. Die Quittenhälften nebeneinander
mit den Öffnungen nach oben in eine Auflaufform setzen und den Backofen auf
200° vorheizen.

2. Die Äpfel und die übrige Quitte schälen,
auf der Gemüsereibe grob raspeln und in
eine Schüssel geben. Den Zucker mit $^3/_8$ l
Wasser, Zitronensaft, Gewürznelken und
Vanillezucker unter die geraspelten Früchte mischen, auf die Quittenhälften häufen.
Die übrige Fruchtmischung neben die
Früchte verteilen. Die Form mit Alufolie
gut verschließen.

3. Die Quitten im heißen Ofen (Mitte,
Umluft 180°) 30 Min. backen. Die Form
aus dem Ofen nehmen und die Quitten
zugedeckt erkalten lassen. Die Quitten
aus dem Saft nehmen und auf die Dessertteller setzen. Je 1–2 EL Saft um die Quitten
träufeln und auf jede Portion 1–2 EL
Mascarpone geben. Vor dem Servieren
leicht mit Zimt bestreuen.

> **TIPP!**
> Übrige Quitten im Kühlschrank
> aufbewahren. Sie schmecken
> auch mit Vanilleeis ganz
> hervorragend.

Orangencreme

PORTAKALLI KREMA

1. Die Mandelstifte in der Pfanne ohne
Fett bei guter Hitze rösten, bis sie beginnen,
sich goldgelb zu färben, auf einem Teller
abkühlen lassen. Die Orange waschen, abtrocknen und die Orangenschale auf der
feinen Kartoffelreibe abreiben. Die Orange
wie einen Apfel schälen. Die Segmente
zwischen den Häutchen herausschneiden,
dabei die Kerne entfernen. Den Saft in einer Schüssel auffangen.

2. In einem Topf Mehl und Zucker verrühren. Nach und nach den Orangensaft, auch
den aufgefangenen, hinzufügen, alles gut
verrühren. Die Mischung unter Rühren
langsam zum Kochen bringen. Bei schwacher Hitze 10 Min. kochen, dabei ständig
rühren, damit sich nichts ansetzt.

3. Die gerösteten Mandeln und die abgeriebene Orangenschale unter die Creme
mischen. Fruchtspalten vorsichtig unterheben, damit sie nicht zerbrechen. Weitere
2 Min. köcheln lassen.

4. Die Creme in Portionsschalen füllen
und kalt stellen.

GARNIEREN: mit Granatapfelkernen

> **TIPP!**
> Mit geschlagener Sahne
> schmeckt die Creme
> noch köstlicher.

Die fruchtigen türkischen Konfitüren sind flüssiger, als wir sie allgemein kennen und werden auf Weißbrot und Schafkäse zum Frühstück geschätzt.

FÜR ANFÄNGER
FRUCHTIG
VOM MARMARAMEER

ZIEHEN LASSEN: 12 Std.
ZUBEREITUNG: 45 Min.
PRO PORTION VON 20 G CA.:
45 kcal

**FÜR ETWA 8 GLÄSER VON JE
250 G INHALT:**

1 kg möglichst kleine, aromatische Erdbeeren

500 g Gelierzucker

500 g normaler Zucker

4 EL Zitronensaft

Erdbeerkonfitüre

ÇİLEK REÇELİ

1. Die Erdbeeren waschen, putzen und in einen großen Topf geben. Den gesamten Zucker und $1/8$ l Wasser unterrühren und die Früchte über Nacht Saft ziehen lassen.

2. Am nächsten Tag die Beeren aufkochen und abschäumen. In einem offenen Topf bei Mittelhitze und unter gelegentlichem Rühren 15 Min. kochen. Den Zitronensaft unterrühren, nochmals aufkochen.

3. Die Konfitüre sofort in gut gereinigte Gläser füllen. Die Ränder säubern, die Deckel aufsetzen und die Gläser wieder umgedreht 30 Min. stehen lassen. Dann wieder umdrehen und erkalten lassen. An einem kühlen, möglichst dunklen Platz aufbewahren, dann bleibt die Konfitüre mehrere Monate haltbar. Geöffnete Gläser in den Kühlschrank stellen.

FÜR GEÜBTE
BRAUCHT ETWAS ZEIT
AUS BODRUM

ZIEHEN LASSEN: 12 Std.
ZUBEREITUNG: 1 Std. 30 Min.
PRO PORTION VON 20 G CA.:
80 kcal

**FÜR ETWA 8 GLÄSER VON JE
200 G INHALT:**

2 kg unbehandelte dickschalige Zitronen aus dem Bioladen

1,5 kg Zucker

Saft von 2 Zitronen oder Orangen

Amélies Zitronenkonfitüre

LİMON REÇELİ

1. Die Zitronen waschen. Mit dem Zestenreißer im Abstand von 1 cm von der Spitze bis zum Stielansatz rundum schmale Streifen abziehen und wegwerfen. Die Zitronen in einem Topf mit Wasser bedecken, zugedeckt 40 Min. kochen, bis sie weich sind. Die Zitronen mit einem Schaumlöffel aus dem Topf nehmen und auf einem Tablett erkalten lassen, den austretenden Saft und $1/4$ l Kochwasser aufheben.

2. Die Zitronen halbieren, mit dem Löffel das Fruchtfleisch auskratzen und wegwerfen. Die Zitronen längs achteln und quer in $1/2$ cm schmale Streifchen schneiden. Diese in einen Topf geben. Den ausgetretenen Saft, das Kochwasser und den Zucker unterrühren; dann zugedeckt über Nacht stehen lassen.

3. Am nächsten Tag alles 15 Min. sprudelnd kochen. Die Zitronen oder Orangen auspressen, den Saft unterrühren und die Konfitüre in gut gereinigte Gläser füllen. Die Ränder mit einem sauberen, feuchten Küchentuch säubern und die Gläser sofort mit Twist-off-Deckeln verschließen. Die Gläser auf den Deckel stellen und den Inhalt so völlig erkalten lassen.

TIPP!
Die geschlossenen Gläser kühl und dunkel aufbewahren, dann bleibt die Konfitüre bis zu 1 Jahr haltbar.

Kuchen und Kleingebäck

Süß und salzig – alles zum Vernaschen

FÜR ANFÄNGER
FÜR GÄSTE
AUS MITTELANATOLIEN

ZUBEREITUNG: 45 Min.
BACKEN: 45 Min.
PRO STÜCK CA.: 280 kcal

**FÜR 1 FORM VON
26 CM Ø/20 STÜCK:**

500 g Zucker
1 Stück Zimtstange, ca. 4 cm
Saft von 1 Zitrone
125 g Butter
500 g löffelfester Joghurt
4 Eier
Mark von 1 Vanilleschote
1 gehäufter TL abgeriebene Schale von einer unbehandelten Orange
1 Päckchen Backpulver
500 g Hartweizengrieß
Butter und Grieß für die Form
50 g Kokosraspel

Joghurtkuchen
YOĞURT TATLISI

1. 400 g Zucker mit der Zimtstange und mit $^3/_4$ l Wasser bei starker Hitze aufkochen. 5 Min. offen kochen lassen. Den Zitronensaft durch ein feines Sieb dazugießen, unterrühren und die Lösung kalt werden lassen.

2. Den Backofen auf 180° vorheizen. Die Butter in einem Töpfchen schmelzen und abkühlen lassen. Den Joghurt in eine Teigschüssel geben. Eier, 100 g Zucker, Vanillemark, Orangenschale und Butter ebenfalls hinzufügen. Alles mit dem Schneebesen gründlich verrühren, bis sich der Zucker aufgelöst hat.

3. Backpulver unter den Grieß mischen, diesen über die Zutaten in der Schüssel sieben und gründlich untermischen. Die Form mit Butter einpinseln, mit Grieß ausstreuen. Den Teig einfüllen und den Kuchen im heißen Ofen (Mitte, Umluft 160°) in 45 Min. goldbraun backen.

4. Den Kuchen kurz abkühlen lassen, dann nach und nach mit der gesamten kalten Zuckerlösung tränken. – Keine Sorge, der Kuchen wird nicht zu süß, er schmeckt später wunderbar saftig.

5. Den Kuchen vollständig abkühlen lassen, in der Form in 5–6 cm große Quadrate schneiden. Die Stücke mit Kokosraspeln bestreuen, herausheben, auf einer Kuchenplatte anrichten und servieren.

TIPP!
Der Kuchen schmeckt nicht nur zum Tee oder Kaffee, sondern auch als Dessert, zum Beispiel mit geschlagener Sahne oder Vanilleeis.

FÜR GEÜBTE
BRAUCHT ETWAS ZEIT
AUS İSTANBUL

ZUBEREITUNG: 1 Std.
PRO STÜCK CA.: 110 kcal

FÜR ETWA 30 STÜCK:

Für die Zuckerlösung:

300 g Zucker
4 EL Zitronensaft

Für den Teig:

70 g Hartweizengrieß
180 g Mehl
1 Prise Salz
1 EL Zucker
20 g Butter
4 Eier
25 g Speisestärke
1 l Sonnenblumenöl zum Frittieren

Außerdem:

100 g dunkle Kuvertüre
4 EL gehackte Pistazien

Spritzkuchen mit Schokolade und Pistazien
TULUMBA TATLISI

1. Für die Zuckerlösung in einem Topf den Zucker und $^1/_2$ l Wasser 10 Min. offen kochen. Den Zitronensaft durch ein Siebchen dazugießen und die Zuckerlösung erkalten lassen. Für den Teig den Grieß mit dem Mehl in einer Schüssel vermischen. In einem Topf $^1/_4$ l Wasser mit Salz, Zucker und Butter bei starker Hitze aufkochen. Auf Mittelhitze schalten und die Mehlmischung auf einmal hineinschütten, 3–4 Min. ständig rühren, bis sich der Teig als dicker Kloß vom Topfboden löst.

2. Den heißen Teigkloß in eine Schüssel geben, nach und nach die Eier und die Speisestärke unterrühren, bis ein glatter, zäher Teig entstanden ist. Das Öl in einer Fritteuse erhitzen, bis an einem hineingehaltenen Holzspieß oder Holzkochlöffelstiel Bläschen aufsteigen.

3. In einen Spritzbeutel mit großer Sterntülle Teig einfüllen. Über dem Frittiertopf jeweils Teigstreifen von 4–5 cm Länge aus dem Beutel herausdrücken, mit einer Küchenschere abschneiden und in das Öl fallen lassen – Vorsicht: Spritzgefahr! Die Streifen portionsweise goldbraun ausbacken, mit einem Schaumlöffel herausheben, kurz auf Küchenpapier entfetten. Das Gebäck 5 Min. in die Zuckerlösung legen und abtropfen lassen.

4. Die Kuvertüre im Wasserbad schmelzen. Die Pistazien in ein Schüsselchen schütten. Jeweils ein Spritzkuchenende etwa 1 cm tief in die Kuvertüre tauchen, abtropfen lassen und dann leicht in die Pistazien stippen. Spritzkuchen nebeneinander auf eine Platte legen und die Kuvertüre fest werden lassen. Frisch schmecken diese Spritzkuchen am besten.

VARIANTE: Man kann die Spritzkuchen auch nur in die gehackten Pistazien drücken oder sie damit bestreuen.

Lässt nicht schon der Name die Genussfreude im Palast, aus dessen Küche das Gebäck stammt, erahnen?

Frauennabel

HANIM GÖBEĞİ

1. Für die Zuckerlösung den Zucker mit $1/2$ l Wasser aufkochen, bis sich der Zucker aufgelöst hat. Den Zitronensaft durch ein Sieb dazugießen, unterrühren und die Lösung erkalten lassen.

2. $1/4$ l Wasser, Butter und Salz in einem Topf aufkochen. Das Mehl auf einen Teller sieben und auf einmal hineinschütten, unterrühren, sodass ein dicker, zäher Teig entsteht. Diesen 3–4 Min. rühren, bis er sich als Kloß vom Topfboden löst.

3. Den Teig in eine Schüssel geben, leicht abkühlen lassen. Nach und nach mit den Quirlen des Handrührgeräts die 2 Eier unterrühren.

4. Das Öl in einem Frittiertopf erhitzen, bis an einem hineingehaltenen Holzspieß oder an einem Holzkochlöffelstiel kleine Bläschen aufsteigen.

5. Jeweils 1 knappen EL Teig abnehmen, mit eingeölten Händen Bällchen formen, etwas flach drücken und in die Mitte mit dem Finger den »Nabel« eindrücken.

6. Die Teigteile im Öl von beiden Seiten goldgelb frittieren, kurz im Sirup wenden, auf eine Platte legen.

GARNIEREN: mit fein gehackten Pistazien

FÜR KÜCHENPROFIS
KLASSIKER
AUS İSTANBUL

ZUBEREITUNG: 1 Std.
PRO STÜCK CA.: 100 kcal

FÜR ETWA 20 STÜCK:

Für die Zuckerlösung:

300 g Zucker
Saft von $1/2$ Zitrone

Für das Gebäck:

50 g Butter
1 Prise Salz
150 g Mehl
2 Eier
$1/2$ l Sonnenblumenöl zum Ausbacken
Öl für die Hände

1. Das Mehl auf einmal zugeben und rasch unterrühren, sodass ein dicker, zäher Teig entsteht.

2. Jeweils 1 knappen EL Teig abnehmen, mit eingeölten Händen Bällchen formen, etwas flach drücken.

3. Vor dem Frittieren in die Mitte jedes Bällchens mit dem Finger noch den »Nabel« eindrücken.

FÜR ANFÄNGER
FÜR GÄSTE
AUS DER ÄGÄIS-REGION

ZUBEREITUNG: 30 Min.
BACKEN: 40 Min.
BEI 18 STÜCK PRO STÜCK CA.:
150 kcal

FÜR 16–18 STÜCK:

300 g Mehl
1 TL Backpulver, schwach
gehäuft
125 g Butter
50 g Puderzucker
1 großes Ei
1 EL Zitronensaft
1 Prise Salz
Mark von 1 Vanilleschote
etwas Öl für die Hände
Butter für das Blech
16–18 geschälte Mandeln

Für die Zuckerlösung:

300 g Zucker
Saft von $^1/_2$ Zitrone

Dessertplätzchen mit Mandeln
ŞEKERPARE

1. Mehl mit Backpulver vermischen und in eine Schüssel sieben. In die Mitte eine Vertiefung eindrücken. Die Butter schmelzen, abkühlen lassen, mit Puderzucker, Ei, Zitronensaft, Salz und dem Vanillemark verquirlen und in die Vertiefung gießen. Alles zu einem glatten Teig verrühren und verkneten, er soll relativ weich sein.

2. Ein großes Blech einfetten. Den Backofen auf 180° vorheizen. Mit eingeölten Händen aus dem Teig walnussgroße Bällchen formen und im Abstand von 3 cm auf das Blech setzen. In jede Mitte eine Mandel stecken.

3. Die Bällchen im heißen Ofen (Mitte, Umluft 160°) in 40 Min. goldgelb backen. In der Zwischenzeit $^3/_4$ l Wasser mit dem Zucker und mit Zitronensaft 5 Min. stark kochen und erkalten lassen.

4. Die Plätzchen 1 Min. in die Zuckerlösung legen, damit sie sich vollsaugen können. Auf einer Platte anrichten.

FÜR GEÜBTE
FÜR GÄSTE
AUS İZMİR

ZUBEREITUNG: 45 Min.
BACKEN: 25 Min.
PRO STÜCK CA.: 140 kcal

FÜR 22 STÜCK:

Für den Teig:

150 g Butter
100 g löffelfester Joghurt
1 Ei | 2 Eigelbe
3 EL Zucker
$^1/_2$ TL Salz
1 gehäufter TL Backpulver
300 g Mehl
Butter für das Blech

Für die Füllung:

2 EL Puderzucker
1 gestrichener TL Zimtpulver
50 g gehackte Walnusskerne

Außerdem:

1 kleines Kaffeesieb zum
Formen, 7 cm Ø
Öl für das Sieb

Walnussplätzchen
CEVİZLİ KURABİYE

1. Für den Teig die Butter schmelzen und erkalten lassen. Mit Joghurt, Ei, 1 Eigelb, Zucker und Salz verrühren. Das Backpulver unter das Mehl mischen, die Butter-Joghurt-Mischung nach und nach unterrühren und -kneten, sodass ein elastischer, weicher Teig entsteht. Den Teig in Folie wickeln und 15 Min. ruhen lassen.

2. Für die Füllung Puderzucker und Zimt in ein Schüsselchen geben. Die gehackten Walnusskerne in einer Pfanne ohne Fett unter Rühren leicht anrösten und untermischen. Ein großes Blech einfetten. Den Backofen auf 180° vorheizen.

3. Das Teesieb ganz leicht mit Öl einreiben. Den Teig halbieren. Jede Hälfte zu einer Rolle formen. Jede Rolle in 11 gleich große Stücke schneiden. Jedes Teigstück zu einer Kugel rollen.

4. Jede Kugel in das Teesieb drücken, die Seiten wie zu einem Nestchen bis an den Rand des Siebes hoch drücken. In die Vertiefung einen knappen TL Füllung geben. DenTeig rundum darüber ziehen und zusammendrücken. Mit der zusammengedrückten Seite nach unten auf das Backblech legen.

5. 1 Eigelb mit 1 TL Wasser verrühren und die Plätzchen damit einpinseln. Im heißen Ofen (Mitte, Umluft 160°) 25 Min. backen und auf einer Platte abkühlen lassen.

Für diese Plätzchen fließt reichlich fruchtiges Öl. Sie zergehen auf der Zunge und fehlen an der Ägäis bei keinem festlichen Anlass.

ZUBEREITUNG: 30 Min.
RUHEN: 30 Min.
BACKEN: 40 Min.
PRO STÜCK CA.: 140 kcal

FÜR ETWA 26 STÜCK:

200 g Zucker
175 ml Olivenöl
90 ml Milch
$1/2$ TL Natron
abgeriebene Schale von
1 unbehandelten Zitrone
400 g Mehl
50 g grob gehackte
Walnusskerne

Olivenölplätzchen

KALBURA ÇEKME

1. Den Zucker in 300 ml Wasser 5 Minuten kochen, gelegentlich durchrühren. Die Lösung kalt stellen.

2. Das Olivenöl mit der Milch verquirlen, bis sich beide zu einer dicklichen Flüssigkeit verbinden. Das Natron und die abgeriebene Zitronenschale unterrühren.

3. Nach und nach das Mehl darauf sieben, unterrühren und zu einem festen Teig verkneten. Zugedeckt 30 Min. kühl stellen. Den Backofen auf 180° vorheizen und ein großes Blech mit Backpapier auslegen. Eine grobe Gemüseraspel bereit halten.

4. Jeweils 1 EL Teig abnehmen, zwischen den Händen oval formen, auf die grobe Raspelseite drücken und abrollen, sodass ein noppenartiges Muster entsteht (alternativ die Zinken einer Gabel eindrücken).

Die Plätzchen auf das Blech legen und im heißen Ofen (Mitte, Umluft 160°) in 40 Min. goldgelb backen

5. Nach dem Backen die Plätzchen nebeneinander in eine große Form setzen. Die Plätzchen mit der Zuckerlösung begießen, sodass sie sich vollsaugen können. 5 Min. in der Lösung liegen lassen – keine Angst, sie werden nicht zu süß! Die Plätzchen auf eine Platte legen und mit Nüssen bestreuen.

ZUBEREITUNG: 1 Std. 30 Min.
PRO PORTION CA.: 480 kcal

FÜR 4 PERSONEN:

Für die Zuckerlösung:

100 g Zucker
4 EL Zitronensaft
1 Stück (ca. 4 cm) dünn
abgeschälte Schale von einer
unbehandelten Zitrone

Für die Honigkugeln:

250 g Mehl | 1 Prise Salz
20 g Hefe
1 EL Honig
100 ml Milch
50 ml Sonnenblumenöl

Außerdem:

$3/4$ l Sonnenblumenöl zum
Frittieren
Öl für die Hand und den Löffel
1 TL Zimtpulver zum Bestreuen

Honighappen

LOKMA

1. Für die Zuckerlösung in einem Topf Zucker, Zitronensaft und -schale mit 300 ml Wasser verrühren, aufkochen und 2 Min. offen kochen. Abkühlen lassen.

2. Das Mehl in eine Schüssel sieben, eine Mulde eindrücken, das Salz auf den Rand streuen. Hefe und Honig in 150 ml lauwarmem Wasser auflösen, in die Mehlmulde gießen, mit Mehl vom Rand verrühren und zugedeckt kurz stehen lassen.

3. Milch mit dem Öl lauwarm erwärmen, mit dem Vorteig verrühren, dann alles zu einem elastischen, recht weichen Teig verarbeiten. Mit dem Rührlöffel 1 Min. kräftig durchschlagen, an einem warmen Platz zugedeckt 30 Min. gehen lassen. Dann den Teig nochmals kräftig durchschlagen.

4. Das Öl in einem Frittiertopf auf 175° erhitzen oder so lange, bis an einem hineingehaltenen Holzspieß Bläschen aufsteigen. Ein Schüsselchen mit 2–3 EL Öl bereit stellen, einen Teelöffel bereit halten.

5. Die linke Handfläche mit Öl einreiben. Mit dem Teigschaber eine kleine Portion Teig in die linke Hand geben, die Hand schließen und zwischen Daumen und Zeigefinger eine Kugel, etwas größer als eine Haselnuss, herausdrücken. Den Teelöffel in Öl tauchen, die Kugel abnehmen, in das heiße Fett geben und goldbraun frittieren.

6. Auf diese Weise den gesamten Teig verarbeiten und ausbacken. Mit einem Schaumlöffel die Kugeln im heißen Öl immer wieder wenden, herausnehmen, auf Küchenpapier entfetten und etwas abkühlen lassen. Die Happen kurz in der Zuckerlösung wenden und auf einen Servierteller legen, leicht mit Zimt bestreuen.

TIPP!
Zu den Plätzchen passt ein Fruchtsalat, zum Beispiel aus Orangen oder frischen Beeren.

FÜR GEÜBTE
FÜR GÄSTE
AUS DER MITTELMEERREGION

Anisblätter

ANASONLU GEVREK

ZUBEREITUNG: 30 Min.
RUHEN UND BACKEN: 35 Min.
PRO STÜCK CA.: 65 kcal

FÜR CA. 24 STÜCK:

50 g Butter
50 ml Öl
75 g Joghurt
1 EL Anissamen
1 TL Salz
250 g Mehl
Mehl zum Ausrollen
1 Eiweiß

1. Die Butter schmelzen, dann erkalten lassen. Butter, Öl, Joghurt, Anissamen und Salz in einer Rührschüssel verrühren. Das Mehl nach und nach darüber sieben, untermischen und alles zu einem festen Teig verkneten.

2. Den Teig in Frischhaltefolie einwickeln und 20 Min. ruhen lassen. Zwei große Bleche mit Backpapier belegen. Den Backofen auf 200° (Umluft 180°) vorheizen. Teig auf einer bemehlten Fläche 1 mm dünn ausrollen. Daraus mit dem Teigrädchen 6–8 cm große Rechtecke ausrädeln.

3. Die Blätter auf die zwei Bleche legen, dünn mit Eiweiß einpinseln, im heißen Ofen (Mitte) in 12–15 Min. goldbraun backen. Auf einem Backgitter abkühlen lassen. Die Anisblätter in einer gut verschließbaren Dose aufbewahren – so bleiben sie noch kurze Zeit zart und mürbe.

TIPP!
Als Knabberei zum süßen türkischen Tee sind die Blätter ganz köstlich. Die Blätter werden auch von manchen Bäckereien angeboten. Doch frisch und selbst gebacken schmecken sie am besten.

Käseplätzchen

PEYNİRLİ KURABİYE

1. Die Butter schmelzen und abkühlen lassen. Mit Öl, Joghurt und dem Ei in einer Schüssel verquirlen. Den Käse durch ein Haarsieb passieren und unterrühren. Den Dill waschen, trockenschütteln, die Blättchen fein hacken und diese ebenfalls unterrühren.

2. Backpulver unter das Mehl mischen, nach und nach über die Zutaten in der Schüssel sieben, unterrühren und zuletzt unterkneten, bis ein weicher, elastischer Teig entstanden ist.

3. Den Teig zugedeckt 10 Min. ruhen lassen. Ein großes Blech einfetten. Den Backofen auf 180° vorheizen. Den Teig halbieren, jedes Teil zu einer Rolle formen. Von jeder Rolle walnussgroße Stücke abdrehen und zu Kugeln formen. Die Kugeln flach drücken und auf das Blech legen.

4. Eigelb und Öl verquirlen und die Plätzchen damit einpinseln. Teils mit Sesam, teils mit Schwarzkümmel bestreuen und die Plätzchen im heißen Ofen (Mitte, Umluft 160°) in 20–30 Min. hellbraun backen. Auf einem Gitter abkühlen lassen und zum Nachmittagstee genießen.

FÜR ANFÄNGER
FÜR GÄSTE
AUS MITTELANATOLIEN

ZUBEREITUNG: 50 MIN.
BACKEN: 30 MIN.
PRO STÜCK CA.: 80 KCAL

FÜR 50 STÜCK:

100 g Butter
85 ml Sonnenblumenöl
150 g Joghurt
1 Ei
200 g Feta-Schafkäse
(beyaz peynir)
1 Bund Dill
1 Päckchen Backpulver
500 g Mehl
Butter für das Blech
Mehl zum Ausrollen

Zum Bestreichen und Bestreuen:

1 Eigelb
1 TL Öl
2 EL Sesamsamen
2 EL Schwarzkümmelsamen

Die Hausfrauen, die noch selber ihr Brot backen, zweigen gerne ein wenig Teig ab, um daraus die leckeren Schnecken zu machen.

Tahin-Schnecken mit Sesam

TAHİNLİ PİDE

1. In ⅛ l lauwarmem Wasser die Hefe und den Zucker verrühren. Das Mehl in eine große Schüssel sieben, eine Mulde hineindrücken und das Hefewasser hineingießen. Mit etwas Mehl vom Rand verrühren, diesen Vorteig zudecken und warten, bis die Hefe zu schäumen beginnt.

2. Das Ei trennen. Eiweiß, Milch und ½ TL Salz zur Hefe geben und alles zu einem weichen, elastischen Teig verrühren und verkneten. Zugedeckt an einem warmen Ort etwa 30 Min. gehen lassen. Zwei Backbleche mit Backpapier belegen.

3. Den recht weichen Teig mit etwas Mehl bestreuen, mit gut bemehlten Händen von der Schüssel ablösen und durchkneten; auf ein bemehltes Backbrett gleiten lassen. Den Teig in 12 nicht ganz tennisballgroße Stücke teilen, jedes zu einer Kugel formen.

4. Jede Kugel auf der bemehlten Arbeitsfläche zu einem Kreis von 20 cm Ø ausrollen bzw. mit bemehlten Händen ausdrücken. *Tahin* sehr gut durchrühren, in ein Schüsselchen geben, *pekmez* zufügen und alles

gut verrühren. 1 EL davon auf jeden Kreis geben und mit dem Löffelrücken großflächig vorsichtig verstreichen.

5. Jeden Kreis schräg wie zu einer Spitztüte aufrollen. Die Rollen leicht länglich ziehen. Mit dem dicken Ende beginnend zu einer Schnecke drehen, das dünne Ende unter die Schnecke legen. Mit der bemehlten flachen Hand etwas flach drücken. Die Schnecken auf die Bleche legen. Noch 20 Min. zugedeckt gehen lassen.

6. Backofen auf 180° vorheizen. Das Eigelb mit 2 EL Öl verquirlen. Die Schnecken damit einpinseln, mit Sesam bestreuen, im heißen Ofen (Mitte, Umluft 160°) in etwa 30–40 Min. goldgelb backen.

> ### TIPP!
> Ob zum Frühstück oder zum Tee, frisch schmeckt das Hefegebäck am besten. Man kann es auch einfrieren und später aufbacken.

FÜR ANFÄNGER
FÜR GÄSTE
AUS DER MITTELMEERREGION

ZUBEREITUNG: 1 Std.
RUHEN UND BACKEN: 1 Std. 20 Min.
PRO STÜCK CA.: 305 kcal

FÜR 12 STÜCK:

30 g Hefe
1 EL Zucker
450 g Mehl
1 Ei
200 ml Milch
Salz
Mehl zum Formen und Ausrollen
12 EL *tahin* (Sesampaste)
12 EL (ca. 100 ml) *pekmez* (Trauben- oder Johannisbrot-Sirup)

Außerdem:

Backpapier für die Bleche
Mehl zum Verarbeiten
2 EL Sonnenblumenöl
Sesamsamen zum Bestreuen

1. Auf jedem Teigfladen vorsichtig Sirup-Sesampaste verstreichen. Die Fladen spitztütenartig aufrollen.

2. Die Teigstücke mit dem dicken Ende beginnend zu Schnecken aufrollen. Das Teigende unterschlagen.

3. Die Schnecken mit der bemehlten Hand oder mit dem Rollholz etwas flach drücken, dann auf Bleche legen.

Die Sesam- und Mohnkringel sind ein Traditionsgebäck zu besonderen religiösen Feiertagen, den *kandil*-Tagen, und werden zum Tee gegessen.

FÜR GEÜBTE
FÜR GÄSTE
KLASSIKER

ZUBEREITUNG: 45 Min.
RUHEN UND BACKEN: 40 Min.
PRO STÜCK CA.: 175 kcal

FÜR 24 STÜCK:

100 g Butter
450 g Mehl
1 Päckchen Backpulver
1 Eiweiß
80 ml Sonnenblumenöl
120 g Joghurt
3 TL Zucker
Salz
100 g Sesamsamen
100 g Mohnsamen
2 Eigelbe

Kringel mit Sesam und Mohn
KANDİL SİMİDİ

1. Die Butter schmelzen und abkühlen lassen. Das Mehl mit dem Backpulver vermischen und auf eine Arbeitsfläche sieben, eine Mulde eindrücken. Eiweiß, Butter, Öl, Joghurt, Zucker und 1/2 TL Salz in die Mulde geben. Alles zu einem festen Teig verkneten. In Folie gewickelt 20 Min. ruhen lassen.

2. Den Backofen auf 200° vorheizen. Aus dem Teig walnussgroße Kugeln formen, diese auf der bemehlten Arbeitsfläche zu 12 cm langen Röllchen formen. Die Enden zusammendrücken, sodass Ringe entstehen. Das Backblech mit Backpapier auslegen.

3. Sesam und Mohn jeweils in einen tiefen Teller schütten. Eigelbe mit 1 EL Wasser verquirlen. Die Ringe damit beidseitig einpinseln. Von beiden Seiten in den Sesam beziehungsweise Mohn drücken, auf das Backblech legen und im heißen Ofen (Mitte, Umluft 180°) in 15–20 Min. goldbraun backen.

FÜR GEÜBTE
FÜR GÄSTE
AUS MITTELANATOLIEN

ZUBEREITUNG: 1 Std. 10 Min.
RUHEN UND BACKEN: 35 Min.
PRO STÜCK CA.: 305 kcal

ZUTATEN FÜR 10 BRÖTCHEN:

50 g Butter
75 ml Milch | 20 g Hefe
150 g Joghurt, mit Zimmertemperatur
75 ml Olivenöl
1 Ei | Salz
450 g Mehl
150 g Feta-Schafkäse
(*beyaz peynir*)
1/2 Bund glatte Petersilie
1/4–1/2 Bund Dill
1/4 TL mildes Paprikapulver
1 EL schwarze Kümmelsamen

Mit Käse gefüllte Brötchen
PEYNİRLİ POĞAÇA

1. Die Butter schmelzen, abkühlen lassen und in eine Schüssel geben. Die Milch leicht erwärmen, die Hefe darin auflösen, mit dem Joghurt und dem Olivenöl vermengen. Das Ei trennen. Das Eiweiß ebenfalls zu den Zutaten in der Schüssel geben und alles mit dem Schneebesen verrühren. 1/2 TL Salz aufstreuen.

2. Nach und nach das Mehl darüber sieben und unterrühren, zuletzt unterkneten, sodass ein geschmeidiger, aber weicher Teig entsteht. Den Teig in 10 gleich große Portionen teilen, diese zu Bällchen rollen, auf ein Backbrett legen und mit einem Tuch bedeckt an einem warmen Platz 30 Min. gehen lassen.

3. In der Zwischenzeit den Schafkäse in eine Schüssel geben. Die Kräuter waschen, trockenschütteln, die Blättchen hacken, mit dem Paprikapulver zufügen und verkneten. Den Backofen auf 180° vorheizen. Aus jeder Teigkugel mit leicht bemehlten Händen runde Plätzchen von 10–12 cm Ø

formen, in die Mitte 1–2 TL Schafkäse geben, zusammenfalten und die Ränder fest zusammendrücken.

4. Ein großes Blech mit Backpapier belegen und die Taschen darauf legen. Das Eigelb mit 2 EL Wasser verquirlen und die Taschen damit einpinseln, leicht mit schwarzem Kümmel bestreuen. Noch 10 Min. gehen lassen, dann im heißen Ofen (Mitte, Umluft 160°) 30–35 Min. backen, bis sie sich leicht goldgelb färben. Sie dürfen nicht zu dunkel werden.

GETRÄNK: Tee (Rezept Seite 153)

TIPP!

Die Taschen werden zwar traditionell gerne zum Tee gegessen, bei einem Picknick sind sie aber ebenfalls willkommen. Sie schmecken auch mit Sesam bestreut.

Bei den türkischen Alltagsgetränken steht Tee, serviert im tulpenförmigen Glas, an erster Stelle, gefolgt vom Joghurtgetränk *ayran* und türkischem Mokka. *Raki* wird gerne zum Essen getrunken.

Tee bestimmt den türkischen Tagesablauf. Die Männer treffen sich im *çayhane,* im Teehaus, und besprechen die Weltlage. Familien und Freundinnen finden sich zum gemütlichen Plausch im *çay bahçesi,* im Teegarten, zusammen. Und beim Picknick sind immer Teekannen und Gaskocher mit dabei.

Getränke mit und ohne Alkohol

Sei es *rakı* oder ein gutes, in der Türkei gebrautes Bier, Wein, Tee oder Kaffee, für jede Tageszeit, zu jedem Anlass und für jeden Geschmack gibt es ein passendes Getränk, wobei der Tee an der Spitze der Beliebtheit steht.

Löwenmilch für starke Männer

Vielen Türken ist im Restaurant *rakı* der angenehmste Begleiter zum Essen, denn er passt zu allen Gängen einer Mahlzeit. Der Schnaps wird aus Weinbeeren oder Feigen destilliert. Anissamen setzt man der zweiten Destillation zu. Der Schnaps enthält zwischen 40 und 45 Prozent Alkohol. Man genießt *rakı* entweder mit Eiswasser verdünnt oder pur. Dann aber trinkt man sofort einen Schluck Wasser hinterher, um das würzige Anisaroma auf der Zunge wiederzubeleben. *Aslan sütü,* Löwenmilch, nennen die Türken den *rakı* auch, weil er angeblich Männer stark macht, und sich der Schnaps beim Verdünnen mit Wasser milchig trübt.

Tee vom Schwarzen Meer

Nicht Kaffee, sondern *çay*, Tee, ist das Hauptgetränk der Türken – nicht von ungefähr daher das türkische Sprichwort »Ein Gespräch ohne Tee ist wie eine Nacht ohne Mond«. Schwarztee wird in großen Plantagen seit den 30er Jahren an den Hängen der Schwarzmeerküste angebaut. Das Klima mit milden, regenreichen Wintern, heißen Sommern und dem ausgleichenden Meer ist für den Anbau ideal.

Kaffee von herb bis süß

Kaffee hat im täglichen Leben der Türkei einen wichtigen Platz: morgens als »Augenöffner« und am späten Vormittag, vielleicht aus einer großen Tasse mit Milch getrunken, als aufmunternder »Müdigkeitskaffee«. Auch nach dem Essen trinkt man gerne ein Tässchen Kaffee. Jede Portion wird einzeln in einer Stielkanne, zubereitet. Wer Kaffee ohne Zucker möchte, bestellt ihn *sade,* mit wenig Zucker *orta şekerli* und süß *şekerli.*

Kühl, säuerlich und belebend

Ayran schmeckt nicht nur als Erfrischung zwischendurch. In Restaurants mit Alkoholverbot ist der Joghurtdrink neben Wasser Standardgetränk zum Essen. Im Südosten der Türkei findet man noch häufig *ayran*-Straßenverkäufer, bei denen sich Schulkinder und Passanten einen Becher des ebenso erfrischenden wie sättigenden Getränks gönnen.

Türkischer Tee (ÇAY)

Benötigt wird ein doppelstöckiges Set aus einer großen und einer darüber stehenden kleinen Kanne (gibts in gut sortierten türkischen Lebensmittelgeschäften). Für etwa 10 Glas Tee die untere Kanne zu drei Viertel mit kaltem Wasser füllen. 3–4 EL kleinblättrigen türkischen Tee mit kaltem Wasser begießen, dieses sofort durch ein Sieb abgießen, um den Teestaub zu entfernen. Die Teeblätter in die kleine Kanne geben, diese auf die große Kanne setzen. Das Set auf die Kochstelle setzen und das Wasser zum Sieden bringen – nicht zum Kochen. Die kleine Kanne knapp mit siedendem Wasser füllen. Zurück auf die große Kanne stellen. Das Wasser unten bei schwacher Hitze weitersieden, den Tee mindestens 10 Min. ziehen lassen (er wird nicht bitter).

In jedes Teeglas durch ein Sieb 2–3 cm hoch Teeextrakt aus der oberen Kanne gießen, mit siedendem Wasser von unten auffüllen. Mit Zuckerwürfeln servieren. Die obere Kanne kann mehrmals mit heißem Wasser von unten aufgefüllt werden, wie auch die untere Kanne mit kaltem Wasser für die nächsten Teerunden. Das Teeset wird dabei ständig heiß gehalten.

Türkischer Kaffee (KAHVE)

Benötigt wird ein *cezve*, ein kleines Spezialkännchen mit langem Stiel und 1 Mokkatässchen. Für 1 Person 1 gehäuften TL türkisches Kaffeepulver in das Kännchen geben, dazu $1/2$–1 TL Zucker nach Geschmack. 1 Mokkatässchen kaltes Wasser zugießen und mit dem Kaffeepulver verrühren. Die Mischung auf der Kochstelle erhitzen, bis der Kaffeeschaum hoch steigt. Das Kännchen beiseite stellen, wenn sich der Kaffeeschaum gesenkt hat, erneut auf der Kochstelle aufwallen lassen, wegnehmen, dann ein drittes Mal aufkochen lassen und den Kaffee sofort mit dem Schaum in die Mokkatasse gießen. Nach kurzer Zeit setzt sich der Kaffeesatz am Tassenboden ab.

Joghurtgetränk (AYRAN)

Für 4 Personen 500 g kalten löffelfesten Joghurt (3,5 % Fett i. Tr.) mit 1 TL Salz und $1/2$ l kaltem Wasser in einen Krug mit weitem Hals geben und mit dem Schneebesen verquirlen, bis das Getränk schäumt. Dann auf Gläser verteilen.

TÜRKISCHER WEIN

Aufgrund des Interesses der Touristen am Wein steigt die türkische Weinproduktion seit den 80er Jahren. Die meisten Trauben stammen aus der Marmara-Region, von der Ägäischen Küste und aus Zentralanatolien. Zu den bekanntesten Unternehmen mit langer Weintradition gehören Kavaklıdere mit den Weißweinen Çankaya, Efsane, Narince und Özel Beyaz. Rotweine wie Yakut, Boğazkere und Dikmen sind ebenfalls empfehlenswert. Die Weine des Erzeugers Doluca gibt es fast überall auch bei uns. Weitere Erzeuger sind Sevilen, Turasan und Diren, die jedoch hauptsächlich in der Türkei vermarkten.

In den heißen Sommermonaten läuft allerdings das erfrischende türkische Efes Pilsen dem Wein den Rang ab.

Gastlichkeit und Tradition

Gastfreundschaft hat in der Türkei einen großen Stellenwert. Und für Einladungen oder für Festtage werden Gerichte mit viel Liebe und Sorgfalt zubereitet. Möchten Sie selbst eine größere Runde an Gästen einladen, dann bereiten Sie doch eine *rakı*-Tafel vor.

Einladung zur Rakı-Tafel mit vielen Vorspeisen

Obwohl man etwas Zeit investieren muss, ist die Einladung zur *rakı*-Tafel die praktischste und auch preiswerteste Art, Gäste mit einem türkischen Essen zu bewirten. Denn die meisten Gerichte können vorbereitet werden. Und weil ein Großteil davon aus Gemüse besteht, halten sich die Ausgaben in Grenzen. Als Getränk wird *rakı*, türkischer Anisschnaps, besorgt, und man bereitet reichlich Eiswürfel für das Eiswasser vor. Bier oder trockener Weißwein sowie Fruchtsaft passen auch. Zum Aperitif stehen Schälchen mit Nüssen bereit, stecken frische Gurken- und Karottenstreifen in Gläsern mit etwas Zitronensaft. Für sechs bis acht Personen etwa acht Gerichte einplanen (Kapitel »Vorspeisen« ab Seite 19), dazu etwas Süßes, z. B. Orangencreme (Seite 132) und Joghurtkuchen (Seite 132), sowie eine Schale mit Früchten. Das Essen beschließt türkischer Kaffee.

Die wichtigsten Feste

Die bedeutendsten Feste im türkischen Jahr sind das Zuckerfest, *şeker bayramı*, sowie das Opferfest, *kurban bayramı*. Das Zuckerfest beendet den Fastenmonat *ramazan*. 30 Tage lang halten sich dabei strenggläubige Muslime an das Fastengebot, essen, trinken und rauchen nur nach Sonnenuntergang bis vor Sonnenaufgang. Zum Zuckerfest beschenkt man sich mit Süßigkeiten. Das Opferfest wird im Gedenken an Abraham gefeiert. Gott wollte dessen Gehorsam auf die Probe stellen, indem er Abraham aufforderte, seinen Sohn Isaak zu töten. Die Geschichte ist aus dem Alten Testament bekannt. Zum Opferfest werden Opfertiere geschlachtet, und das Fleisch wird an Arme verteilt. Die sich über mehrere Feiertage erstreckenden Feste werden gerne für Urlaub genutzt. Weil sich der islamische Kalender am Mond orientiert, fallen die Feste immer auf ein anderes Datum.

Beschneidung und Hochzeit, diese Feste sind aber für die Familien nicht weniger bedeutend. Meist im großen Rahmen gefeiert, sind zu diesen Anlässen hundert oder mehr Gäste fast die Regel.

Tafelfreuden im Fastenmonat

Während des Fastenmonats *ramazan*, der auch »der Sultan der elf Monate« genannt wird, erleben auch Touristen außerhalb der Hotelanlage während des Tages eine leichte Zurückhaltung im Speisenangebot. Doch kurz vor Sonnenuntergang regt sich das Leben in den Straßen, an den Brotläden bilden sich Schlangen. Es duftet herrlich nach frisch gebackenem *ramazan pidesi*, großen, dünnen Brotfladen mit vielen kleinen Dellen. Wer den Tag über gefastet hat, eilt nun nach Hause, wo der Tisch besonders reich gedeckt ist. Dazu laden sich häufig Familien und Freunde gegenseitig ein. Am Wochenende trifft man sich zum *iftar*, zum Fastenbrechen – gerne in einem Restaurant. Auch die großen Hotels in İstanbul, İzmir oder Antalya bieten spezielle *ramazan*-Essen an mit reichhaltigen Vorspeisen, *kebaps* in verschiedenen Variationen und einem opulenten Süßspeisenangebot. Wer an einem *ramazan*-Essen teilnehmen möchte, sollte einen Tisch reservieren. Nach dem üppigen Essen, sei es zu Hause oder im Restaurant, geht die Familie oft noch aus, flaniert am Meer entlang und knabbert dabei Kürbiskerne. In den *ramazan*-Nächten pulsiert das Leben. Die Moscheen sind mit Spruchketten aus Lichtern geschmückt, die Teegärten belebt, und wer noch nicht in den Genuss von *güllaç* gekommen ist, gönnt sich diese Leckerei zu später Stunde in einer Konditorei oder beim *muhallebici*, im Milchdessertladen. Und so soll es – obwohl so mancher während des Tages brav gefastet hat – durchaus auch vorkommen, dass nach dem *ramazan* der Bauchumfang deutlich zugenommen hat.

Neben Raki eignet sich als Aperitif frisch gepresster Orangensaft mit Grenadine.

Servietten längs zweimal falten, locker aufrollen, und fertig ist die Rosenblüte.

Nach dem Essen sollte zur Erfrischung Kölnisch Wasser bereitstehen.

Ein bunter Obstteller mit Zimtstangen dekoriert ist ein schöner Blickfang.

Türkische Gastlichkeit und Dekos fürs Mahl

Eine türkische Familie hungrig verlassen, das ist undenkbar. Tee und Gebäck, Nüsse, eine Süßspeise oder frisches Obst sind das mindeste, was dem Gast angeboten wird. Und wer gegen Abend unangemeldet zur Essenszeit eintrifft wird mit der Frage »Bist Du hungrig?« empfangen und an den mit verheißungsvollen Schüsseln gedeckten Familientisch gebeten. Die Gastfreundschaft ist den Türken heilig. Und wenn der Tourist einen Teppichladen betritt wundert es ihn sicher, wenn kurz darauf schon Tee angeboten wird. Auch bei geschäftlichen Interessen hat die Gastfreundschaft Vorrang.

Süß lass uns essen, süß lass uns sprechen

Bevor man die Wohnung einer türkischen Familie betritt, entledigt man sich der Schuhe, außer, die Hausfrau bittet, davon abzusehen. Bei einer Einladung ist es nicht üblich, Blumen mitzubringen. Doch wird eine Schachtel mit Konfekt oder Schokolade, eine kleine hübsche Schale oder eine ähnliche Kleinigkeit gerne entgegengenommen. Selten packt die Gastgeberin das Geschenk sofort aus. Es wird beiseite gelegt und meist erst geöffnet, wenn der Gast das Haus verlassen hat. »Süß lass uns essen, süß lass uns sprechen« – das Sprichwort stammt aus einer Zeit, als dem Gast zunächst ein Löffelchen Honig oder Konfitüre gereicht wurde. Heute sind es Bonbons oder Konfekt. Doch es gilt nach wie vor, Gespräche während des Essen nur um Positives kreisen zu lassen.

In einer traditionellen Familie gebührt dem Gast der Ehrenplatz, und er wird zuerst bedient. Dann geht die Schüssel an den Ältesten in der Runde weiter. Der Gast sollte sich mit dem Essen Zeit lassen, denn nach alter Sitte hören alle mit dem Essen auf, sobald der Besucher sein Besteck hinlegt. Wasser oder Fruchtsaft sind die üblichen Getränke. Im modernen türkischen Haushalt in der Stadt hält man es inzwischen etwas lockerer, und es wird auch Wein angeboten. Bei Tisch spricht man gerne über das Essen, von der Zubereitung der Speisen, und es lässt sich nicht übersehen, dass alle sie genießen.

Ist der Tisch abgedeckt, gibt die Tochter des Hauses oder der Familienvater als Erfrischung allen einen Spritzer Kölnisch Wasser in die aufgehaltenen Hände. Nach dem Kaffee oder Tee – spätestens nach dem zweiten Glas – verabschiedet man sich.

Das passende Tafel-Ambiente

Laden Sie Gäste doch einmal zum Dinner im traditionellen Stil ein. Raffiniert und opulent wirkt die Tafel. Die Gäste fühlen sich abgehoben vom Alltag, und schnell verbreitet sich eine gelöste, heitere Atmosphäre. Die Vorbereitung der meisten Gerichte erfolgt schon am Vortag, sodass Sie sich selbst ganz entspannt an die Tafel setzen können. Die Dekoration dafür, Lorbeer- und Olivenzweige, kann man beim Blumenhändler bestellen. Das Weinlaub oder ähnliche Ranken finden sich vielleicht beim Nachbarn oder im Park. In orientalisch angehauchten Boutiken oder auf dem Flohmarkt kann man nach preiswerten Requisiten Ausschau halten. Für ein Tischtuch einen passenden Stoff im Warenhaus am laufenden Meter kaufen – dabei auch an farblich dazu abgestufte Servietten denken. Als Aperitif einen verdünnten *rakı* anbieten oder frisch gepressten Orangensaft mit Grenadine-Sirup und einem Spritzer Rosenwasser; zum Essen türkischen oder einen anderen passenden Wein reichen.

Mit nostalgischer Eleganz ist die feine Tafel für ein türkisches Essen gedeckt: Großmutters Silber, Kristallgläser und Mokkatässchen mit zierlichen Löffeln. Rosen in einer Schale vervollständigen das orientalisch-romantische Bild.

Wenn es nicht so edel sein soll, schafft man mit aus türkischem! Zeitungspapier gefalteten und mit türkischen Knabbersachen gefüllten Tütchen rasch Atmosphäre. Solche Knabbertütchen werden in der Türkei überall in kleinen Läden und von Straßenhändlern verkauft. Origineller Tischschmuck sind auch verzierte Windlichter (siehe unten).

1. Auf bunte, schlichte Windlichter mit Goldfarbe orientalische Muster malen.

2. Windlichter mit glitzernden Ketten umlegen.

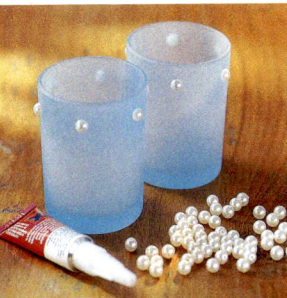

3. Mit Perlen oder Glitzersteinen Muster auf Windlichter kleben.

MUSIKTIPPS

Gehobene Party-Backgroundmusik: *Caz roman,* Mischung aus Volksmusik, orientalischer Klassik, Bauchtanz und Jazz des Ensembles des türkischen Meister-Klarinettisten Mustafa Kandıralı (bei »2001«).
Schön zur Teatime: 13 lyrische Songs von Zülfü Livaneli, türkischer Komponist, Sänger und Schriftsteller, aufgenommen mit der griechischen Sängerin Maria Farantouri (bei »2001«).
Klassik modern als Tafelmusik: *Take Bach* mit den türkischen Klaviervirtuosinnen Güher und Süher Pekinel und dem Jaques-Loussier-Trio (bei »Teldec«).
Musik zum Relaxen vom bekannten Meister der *ney*-Flöte Kudsi Erguner, z. B. *Sufi Music of Turkey* (»Harmonia Mundi«).
Türkische Popmusik für Partys, z. B. von Sertap Erener oder Tarkan (in allen Musikshops).

Menüvorschläge

Folgende Vorschläge für Essen mit Gästen sind mit jeweils sechs Gängen für vier bis sechs Personen großzügig bemessen. Für acht bis zwölf Personen eventuell die eineinhalbfache Menge der in den Rezepten angegebenen Zutaten verwenden. Vorspeisen können – je nach Saisonangebot – ausgetauscht werden. Bleibt wenig Zeit für die Vorbereitung, darf es auch eine Vorspeise oder ein Zwischengericht weniger sein, dafür fällt das Hauptgericht reichlicher aus. Zusätzlich zum Dessert Früchte der Jahreszeit anbieten, wie in der Türkei üblich. Trockener Weiß- und/oder Rotwein und natürlich Wasser, eventuell mit frischen Minzeblättchen aromatisiert, sind passende Getränke. Und bevor sich die Gäste an den Tisch setzen wird als Aperitif mit Eiswasser verdünnter *rakı* gereicht.

Menüs für 4–8 Personen:

Vorschlag 1

Auberginensalat (22)

Linsenbällchen (24)

Brassen aus dem Ofen (94)

Hirtensalat (30)

Lammfleischspieße (106)

Noahs Pudding, einfache Art (126)

Vorschlag 2

Tomatensuppe mit Reis (40)

Teigpastete mit Hackfleisch (62)

Gebratene Auberginen und Zucchini (32)

Spinat mit Joghurt (26)

Lammbein-Kebap (108)

Brot mit Sauerkirschen (126)

Vorschlag 3

Zucchinipuffer mit Käsecreme (20)

Blumenkohl mit Walnusssauce (74)

Gefüllte Sardinen aus der Pfanne (97)

Bulgursalat (24)

Huhn mit Zwiebelchen (118)

Mandelmilchdessert (130)

Menüs für 6–8 Personen:

Vorschlag 1

Dicke Bohnen-Püree (20)

Rote-Beten-Salat mit Joghurt (26)

Scharfes Gemüseragout (23)

Garnelen mit Gemüse aus dem Tontopf (98)

Kebap im Papier (110)

Prinzen-Helva (128)

Vorschlag 2

Weiße-Bohnen-Salat (30)

Kalte Gurkensuppe mit Walnüssen (48)

Zigaretten-Börek (35)

Sellerie mit Orangensauce (78)

Ankara-Hähnchenpfanne (116)

Dessertplätzchen mit Mandeln (142)

Vorschlag 3

Mit Gemüse gefüllte Auberginen (73)

Tscherkessen-Huhn (29)

Gefüllte Paprikaschoten mit Reis und Korinthen (77)

Hirtensalat (30)

Schwertfischspieße (92)

Lammkeule mit Joghurtkruste (104)

Engelshaardessert (125)

Literaturtipps

MERIAN TÜRKEI. Reise, Kultur, Berichte, Geschichten und alles rund ums Reisen in der Türkei, erschienen im Verlag Hofmann und Campe, München.

CAFE ISTANBUL. Darin erzählt Günter Seufert über Alltag, Religion und Politik in der modernen Türkei, erschienen im H. C. Beck Verlag, München.

HAARIGE GESCHICHTEN AUS ISTANBUL. Wolfgang Koydl, ehemaliger Korrespondent der Süddeutschen Zeitung, berichtet über Kurioses, Interessantes aus der Stadt am Bosporus, erschienen im Picus Verlag.

»Der hungrige Bär tanzt nicht« – eines von vielen türkischen Sprichwörtern rund um das Essen und andere Themen, gesammelt im Werk **TÜRKISCHE SPRICHWÖRTER** von **Celal Özcan und Rita Seuß**. Deutsch und Türkisch, erschienen im Verlag H. C. Beck, München.

TÜRKISCHE ERZÄHLUNGEN. Ein Lesebuch der türkischen Literatur des 20. Jahrhunderts, erschienen bei dtv, Deutscher Taschenbuch Verlag, München.

DAS LIED DER TAUSEND STIERE. Roman des großen türkischen Schriftstellers **Yaşar Kemal** über den Überlebenskampf der Nomaden in Südost-Anatolien, erschienen bei dtv, Deutscher Taschenbuch Verlag, München.

ROT IST MEIN NAME. Historischer Roman von **Orhan Pamuk**, wie ein farbenprächtiges orientalisches Märchen, in dem es aber um die jahrhundertealte Frage nach der Stellung der Türkei zwischen Orient und Okzident geht mit aktuellen politischen Bezügen, erschienen im Carl Hanser Verlag, München.

DER EUNUCH VON KONSTANTINOPEL. Ein aufschlussreicher, farbig, doch realistisch geschriebener Roman von **Zülfü Livaneli** über das Leben im Sultanspalast, erschienen im Unionsverlag, Zürich.

DIE WASSER SIND WEISER ALS WIR. Türkische Lyrik der Gegenwart, zweisprachig, herausgegeben von **Yüksel Pazarkaya**, erschienen bei Schneekluth/München Edition.

Bezugsquellen

INFORMATIONEN ÜBER UND BEZUGSADRESSEN FÜR WEIN

www.hayyam.com/doluca/weine.html

www.antalya.de/divers-htm/weine.htm

www.turkische-weine.de

BEZUGSQUELLEN FÜR LEBENSMITTEL

Nicht nur in unseren Großstädten, sondern auch in kleineren Orten, zumindest in der nahen Kreisstadt haben sich inzwischen türkische Lebensmittelhändler etabliert. Sie verkaufen neben Gemüse und Obst, meist aus Direktimport aus der Türkei, auch alle anderen Spezialitäten, die für die türkische Küche benötigt werden. Türkisches Fladenbrot gehört ebenfalls zum Standardangebot, inzwischen sogar mancher deutscher Bäckerei. Es lässt sich gut einfrieren und später im Backofen bei 180° aufbacken.

Manche türkische Lebensmittelläden führen sogar eine eigene Fleischabteilung oder es wird an bestimmten Wochentagen Frischfleisch und Fisch aus der Türkei und anderen Mittelmeerländern angefahren. Einfach nachfragen und eventuell vorbestellen. Was es sonst nicht gibt und nicht vorrätig ist, wird auf Wunsch vom Großmarkt mitgebracht.

Sehr gut vertreten sind türkische Gemüse- und Obsthändler auf den regionalen Wochenmärkten. Da finden sich ebenso Stände mit eingelegten Oliven, Paprikaschoten und frischem Schafkäse, Trockenfrüchten und Nüssen.

Glossar

Damit man sich beim Einkauf in einem türkischen Lebensmittelladen besser orientieren kann, finden Sie hier Hinweise und Kurzbeschreibungen für spezielle Zutaten.

ayçiçeği çekirdeği
Sonnenblumenkerne; wie Kürbiskerne mit Schale gesalzen und geröstet zum Knabbern

ayran
Joghurtgetränk (siehe Seite 153)

beyaz peynir
Schafkäse (siehe Seite 11)

biber salçası
scharfe Paprikapaste (siehe Seite 13)

bulgur
vorgegarter Weizenschrot (siehe Seite 11)

çay
türkischer Tee (siehe Seite 153)

cezve
langstieliges Kännchen für türkischen Kaffee (siehe auch Seite 153)

çörekotu
Schwarzkümmel (siehe Seite 13)

dil peyniri
wörtlich »Zungenkäse«, Filatakäse in Zungenform, ähnlich wie Mozzarella

dolma
gefüllt (z. B. Weinblätter, Paprikaschoten oder Tomaten)

güveç
großer Tontopf zum Schmoren im Backofen, meist Gemüse mit Fleisch und Name des Gerichts (siehe Seite 15)

kahve
türkischer Kaffee bzw. Mokka (siehe Seite 153)

kaymak
Abgeschöpfter Rahm von erhitzter Milch, durch Einkochen von dicker und fast schnittfester Konsistenz. *Kaymak* wird mit Honig oder frischen Erdbeeren als Dessert geschätzt, oder auch auf gekochten Quitten oder auf Brot mit Sauerkirschen. Als Ersatz kann Mascarpone verwendet werden.

kaşar peyniri
Kaşar-Käse, je nach Reifegrad halbfester oder fester Käse aus Kuh- oder Schafmilch oder aus beiden, traditionell in großen Laiben hergestellt. Je nach Alter schmeckt er mild bis sehr pikant. Der beste *kaşar* kommt aus dem Gebiet der Stadt Kars in Ostanatolien. Statt *kaşar* kann man auch den in den Balkanländern hergestellte *kaskaval* oder den griechischen *kasseri* verwenden.

kavurma
gekochtes, in Fett haltbar gemachtes Fleisch

kebap
Fleischspieße oder auch andere Gerichte mit gewürfeltem oder kleinteiligen Fleischstücken

kuşüzümü
wörtlich »Vogelkorinthen«, winzige, leicht pfeffrig schmeckende Korinthen,

die für Reisfüllungen oder Reisgerichte verwendet werden

köfte
Bällchen oder Röllchen aus Hackfleisch oder zum Beispiel aus Linsen

kuzu
Lamm, das beliebteste Fleisch der türkischen Küche. Weil Fleisch relativ teuer ist, kommt Lamm hauptsächlich zu besonderen Anlässen oder an Festtagen, zum Beispiel zum Opferfest, auf den Tisch. Eine besondere Spezialität in Mittel- und Ostanatolien ist im Ganzen im Steinofen gebackenes Lamm.

leblebi
geröstete Kichererbsen zum Knabbern (siehe auch Seite 11; Kichererbsen)

mercimek
Linsen (siehe Seite 13); *yesil mercimec* sind grüne Linsen, *kırmızı mercimec* rote Linsen. Sie werden besonders gerne für Suppen oder Bällchen verwendet, müssen nicht eingeweicht werden und haben eine nur sehr kurze Garzeit (siehe auch Seite 13).

nane
Minze, eines der beliebtesten Kräuter in der Türkei. *Nane* wird in der Regel getrocknet verwendet.

nar
Granatapfel; im Herbst genießen alle die prallen Früchte mit grüner oder roter Schale. Sie werden entweder hal-

biert und ausgepresst, der Saft mit Zucker und zerstoßenem Eis als erfrischendes Scherbet getrunken. Oder die vielen Kerne werden aus den kleinen Kammern im Innern ausgelöst, aus einem Schüsselchen gegessen oder ein Dessert damit bestreut. Ein türkisches Rätsel: »Außen eins, innen tausend und eins – was ist das ?« Die Antwort: »Der Granatapfel«. Aus unreifen Granatäpfeln wird ein Würzsaft hergestellt, *nar ekçisi,* den man gerne statt Essig oder Zitronensaft für Salat verwendet. Dorffrauen stellen aus den Schalen einen roten Sud her. Diese Naturfarbe dient zum Einfärben der Wolle für Knüpf- oder Webteppiche.

nohut
Kichererbsen (siehe Seite 11)

pastırma
Luftgetrocknetes Dörrfleisch aus Rinderfilet oder -lende, das rundum dick in eine Gewürzpaste, *cemen* eingehüllt ist. Die Gewürzpaste besteht aus einer Mischung mit Pfeffer, Paprika, Kreuzkümmel, Knoblauch, Piment, Salz und Kichererbsenmehl als Bindemittel. Die geschätzte Spezialität aus der mittelanatolischen Stadt Kayseri gibt es auch bei uns, in Scheiben in Folie eingeschweißt oder am Stück. Wie Bündner Fleisch sollte *pastırma* immer dünn aufgeschnitten werden. Wem die Gewürzkruste zu intensiv schmeckt, der entfernt einen Teil davon. *Pastırma* verleiht Bohnen- oder Kichererbseneintopf oder Spiegeleiern aus der Pfanne einen herzhaften Geschmack. Magerer *pastırma* aus einem guten Fleischstück ist meist teuer. Eine Alternative ist das *pastrima* genannte, gegarte Rindfleisch mit Gewürzkruste aus den USA, das man bei uns in den ebensmittel-abteilungen großer Kaufhäuser erhält. Für Sandwiches ist es zur Zeit in Amerika absolut in.

pekmez
sehr stark eingekochter Fruchtsirup (siehe Seite 13)

peynir
türkisches Wort für Käse

pide
Fladenbrot; flache, runde oder ovale Hefefladen. Es fehlt in der Türkei zu keiner Mahlzeit.

piliç
siehe beim Stichwort *tavuk*

pulbiber
Paprikaflocken oder Plättchenpaprika (*pul* heißt auch Briefmarke); *biber* heißt Paprika oder Pfeffer. *pulbiber* ist immer scharf, der Schärfegrad kann allerdings unterschiedlich sein, wird aber nicht weiter angegeben. Man findet auch die Schreibweise *pul biber* oder *pul kırmızıbiber (kırmızı* = rot).

salamura yaprak
Weinblätter (siehe Seite 13)

sucuk
Knoblauchwurst (siehe Seite 13)

sumak
säuerlich-fruchtig schmeckendes Gewürz, gewonnen aus den getrockneten grob gemahlenen Steinfrüchten des Essigbaums (Sumachbaums)

susam
Sesam; wird auf Brot und Gebäck gestreut, oder in einer Mühle zu tahin, Sesampaste verarbeitet

tahin
Sesampaste (siehe Seite 13)

tavuk
Huhn bzw. Hähnchen *(piliç)* ist in der Türkei ein sehr beliebtes Geflügel, das

sogar für eine Süßspeise mitverwendet wird, die man beim *muhallebici,* einem Lokal mit süßen und herzhaften Gerichten aus Huhn oder Milch probieren kann.

telkadayıfı
lange sehr feine Fadennudeln (siehe auch Seite 13)

tepsi
rundes Blech mit hohem Rand zum Kochen und Backen (siehe Seite 15)

tulumpeyniri
Sackkäse; ein Nomaden- oder Dorfkäse. Der Käsebruch wird stark gesalzen in einen Sack gepresst – früher in einen Ziegenbalg - und so haltbar gemacht. Dieser Käse wird besonders gerne für Teigtaschen verwendet (siehe auch Seite 11; Schafkäse).

turşu
milchsauer eingelegtes gemischtes Gemüse, das zu Eintopf mit Hülsenfrüchten oder als Vorspeise gegessen wird (siehe Seite 13)

yoğurt
Joghurt; löffelfest und mit einem Fettgehalt zwischen 3,5 und 10 %, der pur gegessen wird, gerne zu Reis, aber auch als Süßspeise mit Honig oder Früchten. Viele Saucen und Gemüsegerichte werden mit Joghurt zubereitet. Verdünnt mit Wasser entsteht aus Joghurt *ayran* (siehe oben).

yufka
dünn ausgerollte Teigplatten für *börek,* Teigröllchen-, -taschen oder -pasteten (siehe Seite 17)

zeytinyağ/zeytinyağlı
Olivenöl bzw. mit Olivenöl zubereitete besondere Gerichte, die kalt serviert werden (siehe auch Seite 11; Olivenöl)

Rezept- und Sachregister

Damit Sie Rezepte mit bestimmten Zutaten noch schneller finden können, stehen in diesem Register zusätzlich auch Hauptzutaten wie Auberginen, Joghurt, Kichererbsen und charakteristische Gerichtebestandteile wie Peperoni und Weinblätter – ebenfalls alphabetisch geordnet und hervorgehoben gedruckt – über den entsprechenden Rezepten.

GENIESSERKÜCHE

...für alle, die das Echte schätzen

ISBN
3-7742-6643-3
19,90 € [D]

ISBN
3-7742-6627-1
19,90 € [D]

ISBN
3-7742-6628-X
19,90 € [D]

Köstliche Rezepte aus aller Welt entführen Auge und Gaumen auf eine kulinarische Reise rund um die Welt und verheißen Genuss pur.

Willkommen im Leben.

Die Autorin

ERIKA CASPAREK-TÜRKKAN, Autorin zahlreicher Kochbücher und Journalistin bereist seit über 30 Jahren den Mittelmeerraum. Verheiratet mit einem Türken, kennt und liebt sie vor allem die türkische feine und ebenso die bäuerliche Küche und die reiche Kochkultur Anatoliens. Bei ihren zahlreichen Türkei-Reisen ist sie immer wieder auf der Suche nach ursprünglichen, neuen Rezepten. Die Gastronomsche Akademie Deutschlands verlieh der gebürtigen Rheinländerin für drei ihrer Kochbücher eine Silbermedaille. Erika Casparek-Türkkan lebt mit ihrem Mann, der bei den Türkei-Büchern mitarbeitet, im Voralpenland.

Das Fotostudio

EISING FOODPHOTOGAPHY mit Studios in München und Kennebunkport (Maine) ist eines der führenden Fotostudios für Lebensmittelfotografie. Zum Kundenkreis gehören renommierte Redaktionen aus dem Foodbereich sowie internationale Kunden aus Werbung und Design. Die Fotos in diesem Buch wurden von Martina Görlach gemacht, die seit vielen Jahren zum Team der Eising-Studios gehört. Das Foodstyling gestaltete für den Innenteil Michael Koch und für das Titelbild Monika Schuster.

GÜNTER VAHLKAMPF rundete sein Studium der Geografie und Geologie mit einer journalistischen Ausbildung ab. Die Zusammenarbeit bei mehreren Dokumentarfilmen für die Fernsehsender WDR, ZDF und ARTE führte den reisebegeisterten Bildjournalisten in die verschiedensten Ecken der Welt. Für ihn ist es immer wieder eine Herausforderung Menschen, Ländern und Städten neue Perspektiven abzugewinnen.

Bildnachweis

FOODFOTOGRAFIE:
FoodPhotography Eising, München
REPORTAGEFOTOGRAFIE:
Günter Vahlkampf, Berlin

© 2005 GRÄFE UND UNZER VERLAG GmbH, München.

PROGRAMMLEITUNG: Doris Birk
LEITENDE REDAKTEURIN:
Birgit Rademacker
KONZEPT UND REDAKTION:
Stefanie Poziombka
LEKTORAT: Claudia Lenz
KORREKTORAT: Waltraud Schmidt
LAYOUT, TYPOGRAPHIE, UMSCHLAG-
GESTALTUNG:
independent Medien-Design, München
HERSTELLUNG: Susanne Mühldorfer
SATZ: Filmsatz Schröter, München
REPRODUKTION:
Repro Ludwig, Zell a. See
DRUCK: Appl, Wemding
BINDUNG: Conzella, München
ISBN 3-7742-6644-1

Auflage   4.   3.   2.   1.
Jahr   2008   07   06   05

DAS ORIGINAL MIT GARANTIE

IHRE MEINUNG IST UNS WICHTIG. Deshalb möchten wir Ihre Kritik, gerne aber auch Ihr Lob erfahren. Um als führender Ratgeberverlag für Sie noch besser zu werden. Darum: Schreiben Sie uns! Wir freuen uns auf Ihre Post und wünschen Ihnen viel Spaß mit Ihrem GU-Ratgeber.

UNSERE GARANTIE: Sollte ein GU-Ratgeber einmal einen Fehler enthalten, schicken Sie uns das Buch mit einem kleinen Hinweis und der Quittung innerhalb von sechs Monaten nach dem Kauf zurück. Wir tauschen Ihnen den GU-Ratgeber gegen einen anderen zum gleichen oder ähnlichen Thema um.

Ihr
GRÄFE UND UNZER VERLAG
Redaktion Kochen & Verwöhnen
Postfach 860325
81630 München
Fax: 089/41981-113
e-mail:
leserservice@graefe-und-unzer.de

Ein Unternehmen der
GANSKE VERLAGSGRUPPE